Sweet 16

Nos rêves les plus fous

Vous aimez les livres de la série

Mary-Kate and Ashley Sweet 16

Écrivez-nous pour nous faire partager votre enthousiasme :

Pocket Jeunesse, 12 avenue d'Italie, 75013 Paris.

Mary-Kate and Ashley

Sweet 16

Nos rêves les plus fous

Melissa Senate

Traduit de l'américain
par Anne-Laure Malaval

Adapté par Marie-Suzel Inzé

POCKET
jeunesse

Titre original :
Starring You and Me

Publié pour la première fois en 2002
par Harper Entertainment, États-Unis.

Loi n° 49 956 du 16 juillet 1949 sur les publications
destinées à la jeunesse : juin 2005.

ISBN 2-266-14977-6

1

Mary-Kate

— C'est ton tour, Mary-Kate, trouve des trucs qui commencent par « M » ! lança Jake.

— Hum, Manger, Minigolf...

Je fis une pause pour essayer de trouver d'autres mots en M.

Mon petit copain Jake Impenna et moi avions trouvé ce jeu quelques heures plus tôt sur la plage. L'un de nous deux choisissait une lettre au hasard et l'autre avait dix secondes pour donner le maximum d'activités commençant par la lettre choisie.

Bon, ça n'était pas très intellectuel, c'est vrai, mais Jake et moi avions été séparés tout l'été. Maintenant que les cours avaient repris, nous pouvions enfin passer du temps ensemble, tout le temps qu'on voulait. Exactement comme aujourd'hui. Un magnifique dimanche après-midi dans le sud de la Californie.

Nous avions passé toute la matinée à la plage à bronzer, à nager et à faire les fous dans l'eau, puis nous nous étions installés à la cafétéria du centre commercial. Nous attendions ma sœur Ashley en partageant une assiette de frites.

Ashley faisait les boutiques avec des copines, Brittany et Lauren. Elles cherchaient des chaussures, ce qui pouvait durer des siècles, mais attendre ne me dérangeait pas, puisque j'étais avec Jake.

— Et que dirais-tu de « Mastiquer » des frites, ça commence par M, non ? proposa Jake en me mettant une frite sous le nez.

Je la pris et la dévorai.

— Mmmm, merci ! fis-je en éclatant de rire.

Jake prit un air fâché.

— Non, tu n'avais pas le droit de la manger, c'était la mienne, s'insurgea-t-il.

Puis il saisit ma main et me sourit tendrement.

J'étais folle de ce garçon, je le trouvais mignon et très beau. C'était l'un des meilleurs joueurs des équipes de baseball et de basket-ball de Malibu. Et il était aussi très sensible et très attentionné. Nous avions commencé à sortir ensemble juste avant la fin de l'année scolaire, en juin, mais au moment où notre relation devenait vraiment sérieuse, l'été était arrivé et nous avait séparés. En juillet et août, nous ne nous étions presque pas vus. Mais je n'avais pas le droit de me plaindre ! J'avais passé un été magnifique, probablement le meilleur de toute ma vie !

Au mois de juin, Ashley et moi, nous avions fêté nos seize ans. Cela avait été une soirée splendide et, comme cadeau, nos parents nous avaient offert une très jolie Mustang décapotable rose, parce que, en plus, nous venions de passer brillamment notre permis de conduire le même mois !

Après ça, notre père, qui est cadre dans une grosse maison de disques, s'était arrangé pour nous faire engager sur un festival de musique rock super branché !

Nous avions passé un mois complet totalement libres, logées au festival. Nous nous étions fait de très bons amis, là-bas. Et comme si tout cela ne suffisait pas, Ashley et moi avions joué dans un film !

C'était formidable mais, du coup, je n'avais presque pas pu voir Jake de tout l'été. Maintenant, en me plongeant dans son sublime regard gris, je me sentais prête à rattraper tout ce temps perdu.

— Que dirais-tu d'aller au ciné vendredi, après les cours ? demanda Jake en buvant une gorgée de son Coca.

— Bonne idée, répondis-je alors que je réfléchissais. Non, attends, vendredi ça n'ira pas, j'ai une réunion du cours d'art dramatique.

— Bon, O.K., dit Jake en trempant une frite dans le ketchup et en l'avalant. Tu es devenue une star, cette année, hein ? C'est génial.

— Mieux que génial, tu veux dire ! Avec un peu de chance, je pourrai décrocher un premier rôle dans le prochain spectacle !

— Parfait, on ira au ciné une autre fois. Quel est le sujet de ta réunion ?

— M. Owen, le régisseur, va nous annoncer le nom du spectacle que nous allons jouer en novembre et je crois déjà savoir de quoi il s'agit. L'année dernière, il m'a confié qu'il pensait monter *Grease* : je donnerais n'importe quoi pour jouer le personnage de Sandy !

— À mon avis, c'est dans la poche, affirma Jake. Tu es la plus douée du lycée, tout le monde le sait.

— Je ne suis pas aussi confiante que toi, répliquai-je en rougissant, flattée. Quoi qu'il en soit, si je décroche ce rôle, je vais être super occupée cet automne, entre les réunions, les répétitions, les essayages...

— Alors adieu, minigolf et shopping, soupira Jake. Parce que je risque d'être très occupé, moi aussi. Mon entraîneur veut que je joue en première base cette année, et je vais devoir passer plus de temps à l'entraînement.

— Ne t'en fais pas. Les cours de théâtre sont importants, mais tu es bien plus important pour moi, m'exclamai-je en l'embrassant très vite.

Nous nous sommes souri. Nous allions passer une super année ensemble.

— On y va ? demanda Jake.

— On attend Ashley, rappelai-je. Je me demande ce qu'elle fabrique.

Ashley

Brittany, Lauren et moi étions installées dans notre magasin de chaussures préféré du centre commercial, entourées d'une tonne de boîtes à chaussures vides. Et alors que j'essayais ma huitième paire de boots, je regardai à l'extérieur de la boutique.

— C'est déjà la cinquième fille du lycée que je vois passer main dans la main avec un garçon. Est-ce que toutes les filles sont censées avoir un petit copain aujourd'hui ? demandai-je, excédée.

— Ne t'en fais pas, Ashley, répondit Brittany. On n'a pas besoin d'un petit copain, surtout quand on porte des chaussures aussi géniales !

Elle se mit debout pour montrer la paire de baskets qu'elle portait, en daim rose avec une bande argent sur le côté.

— J'adore ! s'exclama Lauren, enthousiaste.

— Oui, elles sont super et c'est tout à fait ton genre, approuvai-je.

Brittany est une très jolie fille afro-américaine avec des cheveux noirs et très courts.

Elle a de longues jambes et un visage très fin, et tout lui va toujours à merveille.

Je choisis une paire de bottes en daim noir et les enfilai.

— Je sais que nous ne sommes pas obligées d'avoir un petit ami, mais je ne peux pas m'empêcher de penser que toutes les filles de la ville ont su faire durer leur amour d'été, déclarai-je, dépitée.

— Toi, au moins, tu as eu droit à un amour d'été, objecta Brittany. Moi, j'ai passé toutes les vacances à faire du baby-sitting et le seul garçon que j'ai fait craquer avait cinq ans ! Et toi, Lauren, tu as rencontré quelqu'un ?

Lauren secoua la tête et remit une mèche de ses longs cheveux bruns derrière son oreille.

— Hmm, en fait... Non, pas exactement...

— Tu vois ! continua Brittany. C'est exactement ça, des amours d'été : dès que la rentrée approche, il est temps de se dire adieu.

À ces mots, je me suis rappelé combien cela avait été douloureux de dire adieu à Brian.

Brian était un garçon super mignon que j'avais rencontré quand je travaillais au festival rock pendant l'été. Lui et sa meilleure amie, Penny, étaient musiciens. Ils formaient un groupe plein de talent et étaient absolument adorables.

Brian et moi avions tout de suite flashé l'un sur l'autre et, en un rien de temps, nous étions sortis ensemble. Il avait même écrit une chanson pour moi : « Blue Eyes ».

Je n'oublierai jamais la première fois que Brian m'a chanté cette chanson. C'était durant un magnifique soir de pleine lune. Il a commencé à jouer une très belle mélodie sur sa guitare et, au moment du refrain, il a plongé son regard dans le mien :

Avant de croiser ton regard
Je ne savais pas à quel point
Le bleu pouvait être aussi beau.
Avant de te rencontrer
J'ignorais qu'un jour une fille
Compterait autant pour moi.

Ce fut la soirée la plus romantique de toute ma vie.

À la fin du festival, Brian et Penny avaient participé au concours final, et Mary-Kate et moi avions aidé Penny à se débarrasser d'un trac maladif. Le soir du concours, tout le monde était sur les nerfs, mais finalement Penny et Brian avaient gagné !

Ils avaient décroché leur premier vrai contrat avec une maison de disques. J'étais folle de joie pour eux, leur plus beau rêve devenait réalité. La fin du concours signifiait aussi la fin du festival et il était temps pour nous de rentrer à Malibu. Brian et Penny, eux, devaient repartir chez eux, à Seattle, enregistrer leur maquette.

Au début, Brian et moi, on avait essayé de rester en contact. Mais nos longues conversations par chat une fois par semaine s'étaient vite transformées en petits mails de temps en temps, puis plus rien du tout.

J'étais déçue mais pas vraiment surprise. Aucun de nous deux ne souhaitait une relation à distance. Quand nous nous étions dit au revoir au festival, nous savions que c'était fini. Après Brian, j'étais sortie avec un autre garçon, mais pas aussi craquant que lui.

— Ce qu'il y a de bien avec les amours de vacances, c'est qu'après tu es tout à fait disponible pour un amour de rentrée, fit remarquer Lauren. Et pour un amour d'hiver et même de printemps ! dirais-je.

Brittany nous lança un regard qui nous fit, Lauren et moi, éclater de rire.

— Tu as raison, approuvai-je, et si je dois me préparer à vivre une passion torride cet automne, il me faut absolument une bonne paire de chaussures. Hmm, je ne suis pas sûre que celles-là soient les bonnes, elles ne sont pas très confortables.

— Marche un peu, suggéra Lauren. Elles vont peut-être se faire à ton pied.

J'avançai jusqu'à la porte de la boutique et jetai un œil au miroir qui se trouvait là. Les chaussures étaient plutôt bien, mais elles me faisaient mal. Juste au moment où j'allais me retourner, je regardai les gens circuler dans le centre commercial. Décidément, je ne me trompais pas. Partout il y avait des couples d'amoureux main dans la main et...

Je devais rêver ! Ce type, là ! Juste devant le magasin de disques, il me semblait le reconnaître ! Je me frottai les yeux pour être bien sûre de ce que je voyais parce que, même si le souvenir de Brian m'obsédait encore un peu, j'aurais juré le voir là, juste devant moi.

Mais non, c'était impossible !

2

Ashley

Je rejoignis Mary-Kate à la cafétéria à toute vitesse.

— Mary-Kate ! Mary-Kate !

— Quoi ! Qu'est-ce qu'il t'arrive ? s'écria ma sœur, inquiète.

— Rien du tout, dis-je en tentant de reprendre mon souffle, c'est juste que...

— Laisse-moi deviner, proposa Jake. Il y a des soldes monstres au magasin de chaussures ?

— Non, non, c'est bien plus énorme que ça ! Tu ne devineras jamais qui j'ai cru voir juste devant chez le disquaire !

— Qui ça ? demanda Mary-Kate.

— Brian ! hurlai-je.

Mary-Kate fronça les sourcils, un peu incrédule.

— Tu veux dire le Brian du festival ? Tu es vraiment sûre que c'était lui ?

— Non, je n'en suis pas absolument sûre, alors j'ai laissé Brittany et Lauren là-bas pour qu'elles le surveillent et je suis venue te chercher !

Je la pris par la main et la tirai.

— Viens tout de suite, il faut que tu me dises si c'est vraiment lui !

Mary-Kate regarda Jake, hésitante.

— Vas-y. De toute façon, je dois rentrer chez moi, la rassura Jake. Ma mère m'attend. Ce soir je m'occupe de mon frère et de ma sœur. Vous passerez me voir plus tard ?

— Pas de problème, dit Mary-Kate en l'embrassant sur la joue. Je t'appelle !

Jake se dirigea vers la sortie et Mary-Kate et moi nous nous ruâmes vers le magasin de disques.

Lauren et Brittany nous attendaient devant l'entrée. Elles avaient l'air soucieux.

— Le type que tu prends pour Brian est à l'intérieur, me confia Brittany. Mais il est avec une fille et ils ont l'air... très proches l'un de l'autre.

— Va voir et dis-moi si c'est lui, demandai-je à Mary-Kate. Je veux savoir si j'ai des hallucinations !

Mary-Kate se pencha à l'intérieur et poussa un petit cri de surprise.

— Tu ne rêves pas, Ashley ! C'est bien Brian et il est avec Penny !

— Ouf, Brian et Penny sont juste amis, expliquai-je à Brittany et Lauren pour les rassurer.

Ils étaient bien là, tous les deux ! Un adorable grand type aux cheveux bruns et une fille toute menue aux cheveux longs.

— Brian, Penny ! Hou ! hou ! m'écriai-je en faisant de grands signes.

Ils se retournèrent et nous virent. Brian n'en revenait pas, il avait l'air de tomber de la planète Mars, quant à Penny, elle sautait de joie.

— Je le crois pas ! C'est tellement super de vous voir, les filles !

Nous nous embrassâmes et je leur présentai Lauren et Brittany.

— Je suis vraiment contente de vous avoir vus ! C'est bien vous, c'est dingue ! dis-je, surexcitée.

— Dingue, c'est le mot, approuva Mary-Kate. Mais que faites-vous à Los Angeles ?

Le sourire de Penny s'envola et Brian poussa un profond soupir.

— Quoi ! Que se passe-t-il ? demandai-je, inquiète.

— Nous avons rendez-vous avec notre maison de disques dans quelques jours. Notre CD ne se vend pas, expliqua Brian. Penny et moi, on fait le tour de quelques magasins pour voir s'ils l'ont, expliqua-t-il en désignant le rayon dans lequel se trouvait leur disque « Notre histoire », qu'ils avaient enregistré juste après avoir remporté le concours. Il y avait quatre ou cinq albums dans le bac.

— Le directeur du magasin nous a appris qu'il a vendu un seul exemplaire le mois dernier, ajouta Penny.

J'étais affreusement gênée parce que je savais que j'étais celle qui avait acheté cet unique exemplaire. Il était d'ailleurs encore dans mon lecteur CD.

— Je n'y comprends rien, s'exclama Mary-Kate. Votre album est génial, qu'est-ce qui n'a pas marché ?

Brian esquissa un pâle sourire.

— Ils n'ont fait aucune promotion pour cet album, déclara Penny. Ils nous ont expliqué que ça ne valait pas le coup de dépenser du temps et de l'argent pour des débutants comme nous.

— Mais c'est débile, m'insurgeai-je. Comment peuvent-ils imaginer vendre un produit si personne ne sait qu'il existe !

— Je me pose exactement la même question, répondit Brian. Le pire, c'est que si notre album ne marche pas mieux, notre maison de disques va nous virer.

— Quoi ! m'écriai-je. C'est totalement injuste !

— On peut peut-être faire quelque chose, proposa Mary-Kate.

Penny la regarda, désespérée.

— À part acheter une centaine de CD chacune, je ne vois pas ce que vous pourriez faire, se lamenta-t-elle.

— On pourrait s'occuper nous-mêmes de la promo de votre disque, lançai-je en reprenant l'idée de Mary-Kate.

— Je ne sais pas... hésita Penny. Ça m'embête, vous avez déjà tellement fait pour nous au festival...

— Mais c'était pour le bien de l'humanité ! s'écria Mary-Kate. Le monde a besoin de votre musique !

— J'ai une idée, proposai-je. Voulez-vous venir chez nous demain soir ? On pourrait réfléchir ensemble aux moyens de faire la pub de votre album.

— Vous êtes vraiment géniales, toutes les deux, murmura Brian en croisant mon regard. On ne vous remerciera jamais assez.

Je me sentis rougir. Je savais que Brian s'adressait aussi à Mary-Kate, mais j'avais l'impression que ses paroles m'étaient destinées.

Lauren tapota sur l'épaule de Brian.

— Excusez-moi, intervint-elle d'une voix timide, vous voulez bien nous dédicacer votre album ?

Elle tendit à Brian et Penny deux exemplaires de leur CD.

Penny fouilla dans son sac et sortit un stylo.

— Avec plaisir, s'exclama-t-elle. Les amies de nos amies sont forcément nos amies !

— Et voilà ! lança Brian. Nous avons déjà vendu trois albums dans ce magasin !

Tu vois, Ashley, c'est encore grâce à toi, conclut-il.

« Il est tellement adorable ! pensai-je. Il a l'air de m'aimer encore un peu. Après tout, les amours d'été peuvent peut-être devenir des amours d'automne... »

Mary-Kate

Le jour suivant, au cours de théâtre, je jetai un coup d'œil anxieux dans l'auditorium.

— Je n'aime pas ça du tout, Mary-Kate, murmura Nathan, le président du club d'art dramatique. Il n'y a personne !

Nathan était un grand type mince aux cheveux noirs avec des lunettes à grosse monture sombre. Il me faisait penser à Clark Kent avant qu'il ne se transforme en Superman.

— Tu as raison, nous ne sommes que huit. Mais où sont passés tous les autres ?

Nous n'étions même pas assez pour construire et peindre les décors, et pas assez nombreux pour assurer la distribution d'une pièce !

M. Owen, le régisseur, se tenait debout sur la scène et regardait sa montre. Il s'étira et s'éclaircit la voix.

— Bonjour, tout le monde, annonça-t-il. Je crois qu'on va pouvoir commencer...

Nathan hocha la tête et soupira. Il avait l'air aussi désespéré que je l'étais.

— Je craignais un peu que cela ne se passe ainsi, commença-t-il. Beaucoup de nos membres étaient en dernière année l'an passé et aujourd'hui ils ont quitté le lycée. Malheureusement, je ne vois pas comment nous pourrions trouver davantage de membres maintenant. Je crains fort que nous ne soyons pas assez nombreux pour monter un spectacle.

Je faillis m'évanouir. C'était impossible ! J'attendais depuis si longtemps de décrocher un premier rôle ! Et cette année était supposée être ma grande année !

À ce moment-là, la porte de l'auditorium s'ouvrit. Un garçon et une fille entrèrent.

« Génial, me dis-je. Il va en arriver d'autres ! Ils sont simplement en retard, voilà tout. »

— C'est bien la réunion du club d'astronomie ? se renseigna le garçon.

Tous mes espoirs s'envolèrent. Deux membres supplémentaires auraient pu tout changer...

— Non, désolé, répondit M. Owen. Le club d'astronomie est au bout du couloir, à gauche.

— Ah, merci, lança la fille, puis, sur le point de s'en retourner, elle s'arrêta.

— Et de quel club s'agit-il ici ?

— Art dramatique. Vous êtes intéressés ?

— Non, sans façon, rigola le garçon. Il n'y a pas plus mauvais acteur que moi !

Je me levai d'un bond.

— Le club n'est pas fait que pour les acteurs, il y a plein d'autres choses à faire, comme construire les décors, s'occuper de l'éclairage, être machiniste...

— Ça a l'air sympa, admit-il. Mais le théâtre, c'est pas mon truc.

— Moi, ça m'intéresse, intervint la fille. Pas comme comédienne, mais j'adore peindre et dessiner, alors je peux peut-être vous rendre service pour les décors.

— Parfait, accepta Nathan qui s'empressa de sortir un calepin de son sac. Laisse-nous ton nom et ton numéro, nous te donnerons la date de notre prochaine réunion ; comme ça, tu peux assister à celle du club d'astronomie aujourd'hui.

La fille donna à Nathan toutes les informations qu'il souhaitait. Une fois que les deux amis eurent quitté l'auditorium, M. Owen continua.

— Bravo à vous ! nous félicita-t-il. Mais si vous voulez que nous montions notre spectacle cet automne, il va vous falloir recruter beaucoup plus de monde, surtout que j'espérais bien pouvoir mettre sur pied la comédie musicale *Grease*.

— Top ! m'exclamai-je en hurlant presque.

C'était exactement ce que j'espérais, et si j'étais assez bonne et assez chanceuse, j'allais sûrement décrocher le rôle féminin principal !

Un murmure d'approbation se répandit dans la salle. Apparemment, je n'étais pas la seule à apprécier l'idée.

— Mais je dois quand même vous prévenir que si nous ne sommes pas assez nombreux pour monter *Grease*, nous organiserons un petit spectacle à sketches.

— Des sketches ! m'écriai-je. Mais on n'est pas au patronage !

— Je suis désolé, Mary-Kate, nous avons besoin d'au moins dix membres supplémentaires et si nous ne les trouvons pas, un spectacle à sketches, c'est tout ce qu'on sera capables de monter.

Je regardai Nathan, effarée.

— Pas à la place de *Grease*, quand même ! lui dis-je.

— Je sais, soupira-t-il. *Grease* est un show super et je me vois assez bien dans le rôle de Zuko. Qu'en penses-tu ? dit-il en arrangeant son col de chemise et en faisant mine de se gominer les cheveux.

Je souris. Il avait raison. Nous serions parfaits tous les deux dans les rôles principaux.

— O.K., mais comment va-t-on s'y prendre pour recruter des membres ?

— On fera de la pub ! répliqua Nathan.

Puis il se tourna vers M. Owen.

— Mary-Kate et moi, nous nous chargeons du recrutement, laissez-nous une semaine.

— Ça marche ! répondit le régisseur.

— Ça prendra du temps, me prévint Nathan, on devra coller des affiches, discuter avec les gens et répandre le bruit qu'on cherche du monde. Et si on n'y arrive pas, prépare-toi à nous faire un joli numéro de claquettes !

J'en eus la chair de poule. Il n'était pas question que je fasse un numéro bidon. Nous allions monter *Grease* et pas autre chose !

3

Ashley

Je tapotais nerveusement mon fidèle calepin violet.

« Réfléchis, Ashley, réfléchis ! » J'avais tracé un trait horizontal sur la feuille et écrit : « PLAN DE COMMUNICATION POUR LA PROMOTION DU CD DE BRIAN ET PENNY ». Mais la page était restée désespérément vierge. Mary-Kate, Brian, Penny et moi étions installés sur la terrasse à l'arrière de notre maison et nous nous creusions les méninges depuis déjà une bonne heure. Nous avions eu des tonnes d'idées pour faire connaître l'album, mais aucune ne nous paraissait convaincante. C'était soit trop long à mettre en place, soit trop cher.

— Ça y est, je sais ! cria Mary-Kate. Si on distribuait des CD à la cafétéria du centre commercial ! Comme ça, les gens l'écouteraient et en parleraient à leurs amis, qui iraient l'acheter !

— C'est une idée, répondit Penny. Mais qui va payer les CD distribués ?

— Ah... Oui, c'est vrai, laisse tomber.

Brian fronça les sourcils et agita ses glaçons dans son verre. Penny aspira bruyamment une gorgée de limonade.

Je griffonnai une fleur dans la marge de mon calepin et cogitai. Musique... Voyons... Musique... Festival ... Festival de musique !

— J'y suis ! annonçai-je. Vous vous rappelez le nombre de personnes qui se sont déplacées pour assister au concert pendant le festival Rock de cet été ?

— Des centaines de personnes, dit Brian.

— Exact ! Alors, pourquoi ne pas organiser notre propre festival ? Ce serait comme cet été, excepté que vous seriez les seuls à passer sur scène !

— Mais Ashley, comment faire payer des gens qui ne nous connaissent pas ? interrogea Penny.

Là, elle marquait un point.

Mary-Kate mâchonnait son capuchon de stylo avec beaucoup d'énergie.

— Et s'ils ne payaient pas ? pensa-t-elle tout haut. Si le concert était gratuit ?

— Super ! m'exclamai-je.

Je notai aussitôt cette idée dans mon calepin : CONCERT GRATUIT AVEC EN VEDETTES : BRIAN ET PENNY.

— C'est pas bête, commenta Brian. Mais même si le concert est gratuit, comment les gens seront-ils au courant de son existence ?

— Et où cela se fera-t-il ? ajouta Penny. Ça doit coûter cher de louer un espace pour un concert.

— On pourrait choisir le lycée, suggéra Mary-Kate. Nous avons un immense terrain de base-ball avec plein de gradins. Et s'il y a vraiment beaucoup de monde, les gens apporteront des couvertures et s'assoiront sur l'herbe, comme au festival.

— C'est une idée géniale et je parie que le proviseur, M. Needham, sera d'accord : il adore qu'on organise des événements au lycée. En plus, lui et moi, on est presque amis. Je l'ai bien aidé au bureau, l'année dernière.

— C'est parfait ! s'exclama Brian.

— Et pour la pub, on fera comment ? demanda Penny. Comment annoncera-t-on le concert ?

— On pourrait fabriquer des *flyers* et les distribuer à la cafétéria, au centre commercial, au parc et dans les cafés, partout où vont les gens de notre âge, proposa Mary-Kate.

— O.K., mais tu crois vraiment que les gens viendront même s'ils n'ont jamais entendu parler de nous ? insista Penny.

— Allez, Penny, intervint Brian. Elles essaient de nous aider, alors sois un peu plus positive, s'il te plaît !

Penny devint écarlate.

— C'est vrai, je suis désolée, les filles. Je suis une flippée de naissance !

— On est au courant, releva Mary-Kate avec un sourire.

— Hé ! Mary-Kate, tu te souviens quand papa travaillait avec ce groupe de country, les Dawson Brothers, il y a quelques années ? Ils débutaient à l'époque, personne ne les connaissait.

— Ah oui ! Papa est allé voir le DJ d'une station de radio spécialisée dans la country pour qu'on parle d'eux ! Le DJ l'a fait, et il a même annoncé leur concert.

— Attends une minute, dit Brian. Tu parles des Dawson Brothers ? Ce sont de vraies stars, maintenant !

— Oui, approuva Mary-Kate, dès que le DJ a parlé d'eux à l'antenne, ils ont vendu leurs disques comme des petits pains !

— On ira donc voir un DJ pour qu'il parle de vous ! annonçai-je. Et qui est le plus grand DJ du coin ? demandai-je en me tournant vers Mary-Kate.

Elle sourit car nous pensions à la même personne.

— Wild Will Withers !

— Qui est Wild Will Withers ? demanda Penny.

— Le DJ le plus branché de tout Los Angeles ! S'il parle de vous dans son émission, tout le monde viendra à votre concert !

— Mais pourquoi un type aussi célèbre que lui ferait ça pour nous ? demanda Brian.

— Tout simplement parce que s'il écoute votre CD, il ne pourra qu'en être fou, rigolai-je.

— On doit juste trouver un moyen de le lui faire parvenir, ajouta Mary-Kate.

— Ça ne va sûrement pas être facile, fit remarquer Penny.

— Ne t'inquiète pas pour ça, affirmai-je, rassurante, on trouvera bien un moyen, quel qu'il soit !

— Vous êtes trop fortes, les filles ! s'exclama Brian. Un concert gratuit et l'aide du plus célèbre DJ de Los Angeles... Si, avec tout ça, on ne vend pas plus d'albums, c'est qu'ils sont invendables !

— Merci, dis-je, mais n'oubliez pas qu'il va falloir travailler dur pour obtenir tout ça.

— Tu as raison, alors, pendant que vous vous occuperez du lieu du concert et que vous contacterez Wild Will, Penny et moi, on répétera comme des dingues. Vous verrez, on sera au top !

— Super, approuva Mary-Kate.

— Je m'occupe des *flyers*, ajouta Penny. Il faut qu'on les distribue assez vite.

— Ça roule ! m'exclamai-je.

Je notai sans tarder tout cela dans mon calepin. Mary-Kate se leva.

— Qui veut encore de la limonade ?

— Moi ! s'écria Penny, mais laisse-moi t'aider.

Mary-Kate et elle disparurent dans la cuisine.

Tandis que j'écrivais le dernier point de notre plan : FAIRE PASSER L'ALBUM À DJ WILD WILL POUR QU'IL L'ÉCOUTE, je souriais. J'étais si contente de pouvoir rendre service à mes amis. Ils le méritaient bien.

— Hmm, Ashley ?

— Oui, Brian ? dis-je en levant les yeux de mon carnet.

— C'est vraiment sympa, ce que Mary-Kate et toi vous faites pour nous, commença-t-il. Et puis... je ne t'avais pas vue depuis longtemps, j'avais presque oublié à quel point tu es géniale.

Il me lança le même regard que dans le magasin de disques et je virai au rouge.

— Tu m'as beaucoup manqué, Ashley, avoua Brian à voix basse.

— Toi aussi.

C'était la vérité. Maintenant qu'il était là, je me rappelais son romantisme et sa douceur, et combien j'étais attachée à lui. Je me voyais bien à nouveau avec lui, mais il vivait à Seattle et j'avais décidé qu'une relation à distance n'était pas pour moi. En étais-je si sûre ?

Je ne savais plus que penser. Je savais juste que mon cœur battait trop fort. Je voulais qu'il m'embrasse !

L'espace d'un instant, aucun de nous deux ne parla. Puis Brian sourit et se pencha vers moi.

Je n'osais plus respirer !

— Et voilà ! cria Penny qui franchissait la baie vitrée avec deux verres de limonade à la main.

Elle nous regarda, et pendant une fraction de seconde, je crus lire sur son visage une expression de mécontentement, mais elle disparut très vite, si vite que je ne pus m'en assurer.

— Un petit dernier ? lança-t-elle à Brian en lui tendant un verre. Il est tard et maman nous attend à l'hôtel, il faut qu'on rentre.

— Tu as raison, on y va, dit Brian, qui se leva. Demain, la journée sera longue.

Il vida d'une traite sa limonade et rapporta le verre à la cuisine.

Sur le seuil de la maison, Brian et Penny nous remercièrent encore une fois puis ils se dirigèrent vers la voiture de Brian en nous faisant des signes.

Alors que je les regardais partir, un million de questions me vinrent à l'esprit. Au fond, une seule chose me préoccupait : Brian et moi, allions-nous ressortir ensemble ?

Mary-Kate

EXPRIMEZ-VOUS ! N'HÉSITEZ PLUS ! VENEZ GOÛTER AUX FEUX DE LA RAMPE ! REJOIGNEZ LE CLUB D'ART DRAMATIQUE !

PROCHAINE RÉUNION : VENDREDI 15 H À L'AUDITORIUM. POUR PLUS DE RENSEIGNEMENTS, VOIR MARY-KATE OU NATHAN.

Avant d'imprimer, je relus ce que je venais de taper sur mon ordinateur. C'était parfait, mon annonce allait forcément attirer l'attention des passants.

— Tu m'écoutes, Mary-Kate ? lança Ashley, me ramenant à la réalité.

Je la regardai. Elle était allongée sur mon lit et fixait le plafond. Je l'avais bien entendue prononcer des mots, mais leur sens m'avait échappé.

— Je te posais une question. Je te demandais si tu pensais que Brian m'aurait embrassée ou pas.

— Oh... oui, j'en suis persuadée ! Il est encore amoureux de toi, c'est évident.

Je lançai l'impression d'une douzaine d'affichettes pour le club d'art dramatique.

— C'est ce que je pense aussi, déclara Ashley en se mettant sur le ventre. Moi aussi, je l'aime encore ; pourtant, je ne suis pas sûre de vouloir ressortir avec lui. C'était trop dur de lui dire adieu la dernière fois.

— Écoute, vois les choses du bon côté, il n'est ici que pour quelques semaines !

— Ça me laisse tout le temps pour retomber raide dingue de lui, gémit-elle.

— Et alors ? Ça serait si terrible ? Tu n'arrêtes pas de dire que tu n'as jamais rencontré un type aussi bien que lui, vous arriveriez peut-être à gérer une relation à distance, tous les deux ?

— Je n'en suis pas sûre, soupira Ashley en s'asseyant sur le lit. (Elle attrapa une affichette sur mon bureau et la lut.) C'est plutôt attrayant, remarqua-t-elle.

— Merci. Nathan et moi, nous allons en coller partout autour du lycée.

— Ne t'inquiète pas, je suis sûre qu'à

vous deux vous arriverez à recruter assez de nouveaux membres pour monter votre comédie musicale. Tu n'as qu'à m'en donner quelques-unes, j'en distribuerai dans ma classe.

— C'est sympa ! lui dis-je en lui tendant un paquet. Il faut vraiment que ça marche, je connais déjà presque toutes les chansons de *Grease* par cœur !

— Et tu seras magnifique dans le rôle de Sandy, ajouta Ashley.

J'ai souri, je n'avais pas encore officiellement décroché le rôle, mais personne n'était aussi déterminé que moi et je travaillais si dur au club d'art dramatique que M. Owen ne pouvait pas le donner à une autre que moi.

Le téléphone sonna.

— Oui, allô ?

— Qu'est-ce que tu fabriques ? Je t'ai attendue pendant trois quarts d'heure ! s'exclama Jake.

— Oups ! (Comment avais-je pu oublier mon déjeuner avec Jake ?) Je suis désolée, j'ai complètement zappé, je travaillais avec Nathan sur le texte des affichettes pour le club d'art dramatique. Tu veux en voir une ? Je peux te l'envoyer par mail.

— Oui, envoie toujours. Et demain, on déjeune ensemble ?

— Avec joie, j'aimerais déjà y être !

Il fallait juste espérer que Jake voudrait bien passer l'heure du déjeuner à coller des affichettes !

4

Ashley

Le matin suivant, Mary-Kate fit irruption dans ma chambre. Elle bâillait et se frottait les yeux, encore pleins de sommeil.

— Tu es prête à lancer l'opération DJ Wild Will ? marmonna-t-elle. Surtout, réveille-moi si tu as besoin de moi.

Elle s'effondra sur mon lit, et j'éclatai de rire. Ses cheveux se tenaient droit sur sa tête et son visage était tout fripé.

— Tu as des problèmes avec ton réveil, lui dis-je. Tu as une demi-heure de retard !

Avant d'aller nous coucher, Mary-Kate et moi avions décidé de nous lever une heure plus tôt ce matin et d'appeler DJ Wild Will dès qu'il prendrait l'antenne. Une fois en ligne, nous devions lui parler des Sweetbriar, le groupe que formaient Brian et Penny, de leur nouvel album et du concert qu'ils allaient donner au lycée. Puis on devait prendre rendez-vous avec lui, à son bureau, pour lui apporter le CD. Notre plan aurait pu être parfait.

À six heures précises, je décrochai mon téléphone et composai le numéro de la station de DJ Wild Will, mais quarante-cinq minutes plus tard je n'avais toujours pas réussi à lui parler.

Je tendis le téléphone à Mary-Kate.

— Tiens, c'est toujours occupé. Essaie une fois, toi.

— Génial ! fit ma sœur en se redressant.

Tout à coup, j'entendis un clic. Quelqu'un décrochait.

— Bonjour et bienvenue, vous êtes le quatre-vingt-dix-neuvième appel, m'annonça une voix enregistrée à l'autre bout du fil.

— Quoi ! m'exclamai-je, totalement suffoquée.

— Désolé, mais vous avez perdu. Vous pouvez retenter votre chance à notre concours, reprit la voix.

— Oh non !

— Qu'est-ce qu'il se passe ? demanda Mary-Kate.

— C'est un répondeur automatique !

— On a appelé tout ce temps pour tomber sur un répondeur ! s'indigna Mary-Kate. C'est trop nul !

Il fallait se rendre à l'évidence, ce n'était pas comme ça que nous réussirions à joindre DJ Wild Will.

Mary-Kate réfléchit un moment.

— J'ai l'impression qu'on va devoir changer nos plans.

— Pour l'instant, on ferait mieux de se préparer pour le lycée sinon on va être en retard !

Mary-Kate

À la deuxième heure de cours, ce matin-là, je me mis à bâiller comme jamais.

— Hé ! Mary-Kate, qu'est-ce qui t'arrive ? demanda Brittany qui était assise juste à côté de moi.

Je racontai à mon amie notre matinée.

— En gros, j'ai perdu une heure de sommeil et tout ça pour rien, lui résumai-je.

— Quelle poisse ! Et qu'allez-vous faire, maintenant ?

Au moment où j'allais lui répondre, Mme Tuttle, notre professeur de littérature anglaise, entra dans la classe.

— Bonjour à tous, lança-t-elle. Reprenons où nous en étions, c'est-à-dire à la lecture de la pièce de Shakespeare.

À ces mots, je me réveillai. *Roméo et Juliette* était l'une de mes pièces préférées, et Mme Tuttle nous l'avait fait lire à voix haute, ce qui avait été assez drôle. J'espérais qu'elle allait me choisir pour tenir le rôle de Juliette. J'adorais ce rôle et beaucoup d'élèves avaient applaudi à la fin de ma lecture, ce qui était plutôt flatteur.

— Danielle, pourquoi ne ferais-tu pas Juliette et Devon Roméo ? proposa-t-elle.

Je fouillais dans mon sac à dos à la recherche de mon exemplaire quand je me suis soudain rappelé que le matin, en préparant mes affaires à toute allure, je l'avais oublié.

— Tout le monde est prêt ? demanda Mme Tuttle.

— Je peux suivre sur ton livre ? demandai-je à Brittany.

— Ne me dis pas que tu l'as oublié ! Ça ne te ressemble pas du tout ! murmura-t-elle, moqueuse.

— Ne plaisante pas, tu sais bien que, des deux, c'est Ashley la plus organisée.

Danielle Bloom s'apprêtait à interpréter Juliette : elle prit sa respiration.

— Je vous demande juste un petit instant, madame Tuttle, dit-elle.

Tout le monde la regarda, moi y compris. Danielle fixait son livre, une main en l'air comme si elle attendait le calme le plus complet pour se lancer.

— Elle se la joue super star ! chuchota Brittany, exaspérée.

Je devais admettre que j'étais impressionnée par autant de concentration. J'avais déjà vu Danielle au lycée, mais je ne lui avais jamais parlé. Elle était arrivée de Malibu l'année dernière. Elle était ravissante avec ses longs cheveux blonds et ses yeux vert pâle.

La plupart des élèves restaient assis quand ils lisaient un texte. Elle se leva et se racla la gorge pour s'éclaircir la voix.

— Je suis prête, déclara-t-elle.

— Je rêve ! lança Brittany, excédée.

— Vas-y, Danielle, lui dit Mme Tuttle.

Danielle observa un petit moment de silence avant de se lancer.

— « Ô Roméo, Roméo ! Pourquoi es-tu Roméo ? »

Elle était vraiment dans la peau du personnage. Elle mettait tout son cœur dans son interprétation.

— « Renie ton père et abdique ton nom », continua Danielle.

Elle disait son texte avec une telle conviction, une telle puissance, que toute la classe était captivée. Danielle avait du talent. Un talent inné.

En y réfléchissant, je me demandai pourquoi elle n'était pas inscrite au club d'art dramatique. N'importe qui à sa place s'y serait précipité. Était-il possible qu'elle ne connaisse pas l'existence du club ? Maintenant que nous avions collé des affichettes un peu partout à l'étage, elle ne pourrait l'ignorer.

C'était à Roméo de lui donner la réplique. Devon n'était pas aussi doué que Danielle, il pouffait de rire à chaque mot. Mais

Danielle ne se laissa pas déstabiliser par son partenaire, elle tint son rôle avec émotion et force jusqu'au bout. J'étais réellement impressionnée. Une vraie pro ! Elle serait géniale dans une comédie musicale. Tandis qu'elle poursuivait, je pensai qu'elle ferait une merveilleuse Rizzo, la chef des Pink Ladies dans *Grease*.

Rizzo était une zonarde qui prenait Sandy pour une petite idiote. C'était un rôle important, le second après celui de Sandy.

Quand Danielle termina, elle fut acclamée et je décidai d'aller lui parler juste après le cours. Avec Nathan dans le rôle de Danny, moi dans celui de Sandy et Danielle en Rizzo, nous formerions un casting du tonnerre !

La cloche sonna la fin du cours. J'eus beau me dépêcher, Danielle quitta la classe avant que j'aie pu la coincer.

— Danielle, attends !

Je la cherchai partout. J'aperçus ses cheveux blonds vers les vestiaires.

— Danielle ! lançai-je en m'approchant.

Elle ne se retourna pas.

— Excuse-moi, répétai-je un peu plus fort.

— Oui ? lâcha-t-elle en se tournant vers moi.

— Bonjour, je m'appelle Mary-Kate. Je suis en français avec toi et je t'ai trouvée géniale dans le rôle de Juliette.

— Merci, répondit-elle avec un bref sourire, puis elle fit volte-face.

« Mais je n'ai pas fini ! » pensai-je, un peu démontée par son attitude.

— Humm, Danielle ?

Elle se retourna vivement.

— Quoi ?

— Je me demandais si tu voudrais te joindre à nous au club d'art dramatique, nous montons *Grease* cette année et...

— Je ne veux pas, dit-elle d'un ton sec.

— Tu ne veux pas quoi ?

— Cela ne m'intéresse pas, répondit-elle.

J'étais atterrée. Cette fille était horriblement désagréable. Je respirai un grand coup et me raisonnai. « Tu n'as pas besoin de la trouver sympathique, me dis-je. Il faut juste la recruter pour le club, c'est tout. »

— Si ça ne te dérange pas, est-ce que je peux savoir pourquoi ça ne t'intéresse pas ?

— Ta question me dérange, en effet, rétorqua-t-elle.

J'étais abasourdie.

— Danielle, tu as un vrai talent et...

— Je sais que j'ai du talent, répliqua-t-elle.

Et elle secoua ses cheveux blonds.

— Écoute, Mary-Sue... reprit Danielle.

— Mary-Kate, dis-je.

— Écoute, Mary-Kate, j'ai pris des cours d'été pendant trois ans et j'ai étudié l'art dramatique avec les plus grands professeurs. (Elle s'adressait à moi comme si elle parlait à un bébé, en articulant bien chaque mot.) Alors, tu m'excuseras si je ne suis pas intéressée par ton petit spectacle scolaire.

Sur ce, elle claqua la porte de son casier et s'en alla.

J'étais rouge de honte. Quelle prétentieuse ! Je ne lui adresserai plus la parole !

Il fallait pourtant que je recrute dix nouveaux membres en une semaine, et Danielle était très douée. Alors, comment la persuader ?

5

Ashley

— Donc, j'ai quasiment supplié Danielle de se joindre à nous, raconta Mary-Kate au dîner. Elle m'a à peine répondu et m'a juste dit qu'elle ne voulait pas participer à mon « petit spectacle scolaire ».

— Si elle est si désagréable, je ne comprends pas pourquoi tu tiens tant à la recruter ? s'étonna maman.

— Tu aurais dû la voir jouer Juliette ce matin, en cours. Elle était incroyable !

— Je pense que tu as eu raison, intervint mon père. Et je suis fier de voir que tu ne te laisses pas aveugler par tes sentiments personnels. N'abandonne pas. Si quelqu'un peut la faire changer d'avis, c'est bien toi !

— Merci, papa, dit Mary-Kate.

J'étais contente que papa lui ait remonté le moral. Maman se leva et commença à débarrasser la table.

— En parlant de s'accrocher, reprit mon père, cela me fait penser que j'ai encore quelques coups de fil à passer. J'aurais préféré rester avec vous plutôt que de discuter avec des patrons de stations de radio, mais je n'en ai pas pour longtemps.

Je lançai un regard à Mary-Kate. Des patrons de stations de radio ! Mon père venait tout juste d'offrir la solution à nos soucis avec DJ Wild Will !

Lorsque nous eûmes terminé d'essuyer et de ranger la vaisselle, j'attrapai Mary-Kate par le bras.

— Nous devons trouver un moyen de régler notre problème avec DJ Wild Will, annonçai-je.

— O.K., tu as une idée ?

Tout excitée, je fis signe que oui.

— Papa traite avec des gens de radio tout le temps, n'est-ce pas ?

— C'est vrai, acquiesça Mary-Kate.

— Alors tu paries combien qu'il a le numéro direct de DJ Wild Will ?

Mary-Kate resta bouche bée.

— Mais tu as raison ! Il suffit qu'on en parle à papa et le tour est joué. Allons-y !

— Attends une seconde, dis-je. Il est dans son bureau en train de travailler. Faisons nos devoirs d'abord, et après, on ira le lui demander.

Un peu plus tard, nous redescendîmes. Maman regardait un film au salon.

— Maman, où est papa ? demandai-je.

— Il est sorti faire un tour...

Mary-Kate et moi, nous nous regardâmes et nous fonçâmes dans le bureau de notre père. Il ne nous en voudrait pas si nous consultions son ordinateur.

Le portable était ouvert sur ses contacts. Je cherchai le W.

— Le voilà ! m'écriai-je.

— Super ! s'exclama Mary-Kate qui trépignait derrière moi.

Je griffonnai le numéro sur mon calepin et nous remontâmes dans la chambre de Mary-Kate.

— Tu crois qu'on peut appeler maintenant ? Il est peut-être un peu tard pour trouver Wild Will à son bureau ?

— On essaie, proposa Mary-Kate. Je n'ai pas envie d'attendre plus longtemps !

— Je composai le numéro et, miracle, une voix masculine répondit !

— Bureau de Will Withers, j'écoute ?

Nous avions enfin un être humain au bout du fil !

— Ça doit être son assistant, murmurai-je à Mary-Kate.

— Dis quelque chose, vas-y !

— Hmm, bonsoir, je voudrais parler à Wild Will au sujet d'un concert en plein air. Je suis certaine qu'il sera ravi d'annoncer ce spectacle dans son émission.

— Il n'est pas au bureau pour l'instant, mais je suis Peter, son assistant, je peux prendre un message et lui demander de vous rappeler ?

— Bonsoir, Peter, je suis Ashley. Merci de prendre le message, il est absolument capital que je puisse parler à DJ Wild Will !

— Êtes-vous une fan ? se renseigna Peter. Si c'est le cas, je peux vous donner le numéro du fan-club. Ils vous enverront une photo dédicacée...

— J'aime beaucoup son émission, dis-je en essayant de prendre une voix plus adulte, mais ça n'a rien à voir avec son fan-club. Je dois vraiment lui parler d'un nouveau groupe tout simplement génial.

Je donnai à Peter mon numéro de téléphone portable et celui de Mary-Kate. Il nous promit que Will nous rappellerait.

Je raccrochai, surexcitée.

— Il va nous rappeler !

— C'est dingue, s'écria Mary-Kate. Tu crois vraiment qu'il le fera ?

— Pourquoi pas ? Peter a dit que oui.

— Bon, je vais dans ma chambre téléphoner à Brian pour lui annoncer la bonne nouvelle.

Brian décrocha au bout de la deuxième sonnerie.

Quand je racontai que j'étais entrée en contact avec le bureau de Will, il était fou de joie.

— Ashley, c'est géant ! Je savais que tu ferais ton maximum pour nous aider !

— Tu sais, pour l'instant, il n'y a rien de sûr. Je ne lui ai pas encore parlé !

— Tu le feras, j'en suis certain. Tu ne nous as jamais laissés tomber.

— Merci, mais...

— Dis-moi, tu es prise, ce soir ? demanda Brian. J'adorerais te voir.

— En fait, je crois que Mary-Kate a encore des devoirs à faire, mais si je lui demande...

— Non, m'interrompit Brian. Juste toi et moi, pas longtemps.

— Hmm... O.K. !

— On se retrouve où ? Tu connais le coin mieux que moi.

Je proposai un café en bord de plage.

— On sera tranquilles là-bas, dis-je.

— Ça marche. Tu peux y être dans une demi-heure ?

— Sans problème.

Je lui donnai l'adresse du café, les indications pour y aller et je raccrochai. Puis je fonçai dans ma salle de bains.

J'avais décidé de mettre mon jean préféré, un petit haut bleu très mignon et des sandales.

Un soupçon de mascara, du gloss, un petit coup de brosse dans mes cheveux et le tour était joué. J'allai prévenir Mary-Kate que j'avais un rendez-vous. Elle était en train de regarder *Grease* en vidéo, et quand elle me vit elle mit le film sur « pause ».

— Tu es superbe ! me dit-elle. Ne rentre

pas trop tard, je veux que tu me racontes tout à ton retour.

— On verra !

Après avoir dit à maman où j'allais, je sautai dans la mustang et me lançai sur la route du café.

J'arrivai pile à l'heure. Huit heures exactement. Je m'installai à une table ronde, avec vue sur la mer. Brian arriva quelques minutes plus tard. Il était craquant avec sa chemise blanche impeccable et son pantalon kaki. Il avait de très beaux reflets dans ses cheveux châtains. J'avais l'impression qu'il était chaque fois plus mignon que la fois d'avant !

Je lui fis signe et il s'approcha de la table.

— Waouh ! Ashley, tu es canon ! s'exclama-t-il en s'asseyant en face de moi.

— Merci, Brian, répondis-je, rougissant un peu. C'est très gentil.

Je songeai que Mary-Kate avait peut-être raison : si Brian tenait à moi autant que je tenais à lui, nous pouvions peut-être envisager une relation à distance.

La serveuse vint vers nous et nous commandâmes un café glacé et un menu à partager. Au dessert, nous nous jetâmes sur les marshmallows pour les faire griller et les dévorer entre deux crackers. On n'en finissait pas de se raconter tout ce que nous avions fait depuis qu'on ne s'était pas revus. Je lui parlai du film dans lequel Mary-Kate et moi nous avions joué, et il me raconta l'enregistrement de son album avec Penny. C'était exactement comme si nous ne nous étions jamais quittés ! Nous étions si bien ensemble.

— Tu sais, Penny et moi, on a répété comme des dingues toute la journée. On a vraiment l'intention d'en mettre plein la vue à DJ Wild Will. Ce concert va déménager !

— Son assistant nous a promis qu'il nous rappellerait très vite. Je pense qu'il le fera dans la matinée, juste après son émission. On lui demandera d'annoncer votre concert à l'antenne.

— Génial ! dit Brian en buvant une gorgée de son café. Tu sais, Ash, je t'ai demandé de venir ici pour te dire à quel point j'apprécie tout ce que Mary-Kate et toi faites pour nous.

— C'est inutile, répondis-je. Je suis persuadée que vous feriez la même chose pour nous.

Brian s'étira.

— Si notre maison de disques ne nous vire pas, il se peut que je doive passer plus de temps à Los Angeles pour rencontrer des producteurs, tourner des clips, des trucs dans le genre...

— Vraiment ? Ça serait génial ! Vous allez même peut-être devoir vous installer ici ? Surtout si notre plan fonctionne et que vous devenez le nouveau groupe qui déchire !

Si Brian passait autant de temps à Los Angeles, il ne serait plus question de distance entre nous. Et donc, il n'y aurait plus aucun obstacle à notre relation.

— Oui... C'est possible, murmura-t-il, pensif. Au fait, tu as remarqué que la chanson que j'ai écrite pour toi est sur le disque ?

— J'ai remarqué, et ça m'a beaucoup touchée de l'entendre. J'adore cette chanson.

— Moi aussi. Elle veut dire tant de choses pour moi.

À ce moment-là, mon cœur chavira. Tous mes doutes concernant mes sentiments pour Brian s'évanouirent. Mon amour était intact, j'en étais sûre. Il fallait que je l'annonce à Brittany, à Lauren et à Mary-Kate ! J'étais folle de bonheur !

La nuit commençait à tomber et comme nous en étions déjà à notre deuxième café glacé chacun, nous décidâmes de partir.

Lorsque nous arrivâmes à ma voiture, Brian se tourna vers moi.

— Ashley, il y a un truc que je voulais te dire.

— Oui...

Il me fixa longuement. « Vas-y, me dis-je, demande-moi de ressortir avec toi ! »

Mais il ne dit rien, il secoua la tête, marmonna quelques mots inaudibles et regarda ses pieds.

— Quelque chose ne va pas, Brian ?

— Je suis désolé, Ashley, une autre fois, peut-être.

Je restai là, un peu décontenancée, je ne savais plus que dire. Je m'installai donc au volant et mis le contact.

— Attends ! lança Brian en me fixant à travers la vitre. Ashley, tu es la fille la plus géniale que je connaisse.

— Merci, Brian, répondis-je avec un sourire. Ça te dirait de faire un tour demain soir, sur la plage ?

C'était la première chose qui m'était venue à l'esprit. Une balade sur la plage.

Comme la nuit où il m'avait chanté ma chanson au festival.

— Penny et moi, nous devons répéter.

— Très bien, alors, après-demain ? On pourrait dîner dehors et aller au ciné.

Il sembla hésiter, il avait l'air terriblement mal à l'aise.

— Je ne suis pas sûr... Je peux t'appeler demain ?

— Oui, bien sûr, dis-je.

Je fis demi-tour et sortis du parking en lui faisant au revoir de la main. En conduisant, je ne cessais de penser à cette soirée et au comportement bizarre de Brian. Peut-être était-il effrayé par l'idée d'une relation à distance, lui aussi, et je ne pouvais pas lui en vouloir. Pourtant, il m'avait donné trop de preuves de son attachement pour que je puisse encore douter de ses sentiments envers moi. De ce côté-là, je ne devais pas me faire de souci. J'étais maintenant persuadée que Brian et moi ressortirions ensemble et, cette fois-ci, nous ferions tout pour que cela dure. Surtout s'il venait s'installer à Los Angeles.

6

Ashley

Le lendemain, à la cafétéria, je ne quittai pas mon téléphone portable du regard.

« Tu vas sonner, oui ou non ! Sonne, espèce de stupide morceau de plastique ! »

Mary-Kate était assise près de moi.

— Je n'arrive pas à croire que Wild Will ne nous ait pas encore rappelées ! se plaignit-elle. Tu es sûre qu'il ne t'a pas laissé un message pendant que tu étais en cours ?

— Tout à fait sûre, dis-je. J'ai vérifié ma messagerie à chaque interclasse ce matin.

— Ne vous en faites pas, les filles, tenta de nous rassurer Lauren. Cela ne fait qu'un jour et je suis sûre que Wild Will est un type très occupé.

— Oui, intervint Brittany. Il a sans doute

prévu de vous appeler d'ici un ou deux jours.

— Ou peut-être ne nous rappellera-t-il jamais. Il a sûrement des coups de fil dans le genre du nôtre toute la journée.

— Bon, on ne se démoralise pas ! conseilla Mary-Kate en buvant une gorgée d'eau. Il est encore trop tôt pour ça !

Elle avait raison, il fallait po-si-ti-ver.

— Et s'il ne rappelait pas pour d'autres raisons ? suggéra Brittany. Il a peut-être perdu votre numéro ou son assistant l'a mal noté ? Pourquoi ne pas essayer de le rappeler maintenant ?

— Excellente idée ! m'exclamai-je. De toute façon, on n'a rien à perdre !

Je pris mon téléphone et composai le numéro. Peter décrocha tout de suite.

— Bureau de Wild Will, j'écoute ?

— Bonjour, c'est Ashley à l'appareil, j'ai laissé un message pour Wild Will hier soir.

— Ashley... Ashley, répéta Peter. (Je l'entendais tourner les pages d'un bloc.) Ah oui ! Ashley, la fille du fan-club, c'est bien ça ?

Je poussai un énorme soupir. Voilà qui n'était pas bon signe.

— Non, ça n'a rien à voir avec le fan-club, j'ai un truc très important à dire à DJ Wild Will. Est-ce que je peux lui parler, s'il vous plaît ?

— Désolé, il est en réunion. Je lui demanderai de vous rappeler dès qu'il sera de retour.

Et il raccrocha aussitôt.

— Alors ? demanda Mary-Kate.

— Peter s'imagine toujours que nous sommes des fans, j'ai un très mauvais pressentiment, dis-je.

Mary-Kate sembla désolée.

— Laissons-lui encore une chance. S'il ne rappelle pas, nous trouverons un autre moyen d'entrer en contact avec lui et de lui donner le CD de Brian et Penny.

— Non seulement de le lui donner, mais surtout de le lui faire écouter ! C'est le plus important !

— Au fait, Ashley, as-tu parlé du concert à M. Needham, s'enquit Mary-Kate.

Je jetai un coup d'œil à ma montre.

— J'ai rendez-vous avec lui dans cinq minutes. Je vais devoir y aller. Souhaitez-moi bonne chance !

Quelques minutes plus tard, je pénétrai

dans le bureau de M. Needham. Sa secrétaire leva la tête et m'adressa un sourire.

— Tu peux entrer, Ashley, il t'attend.

— Merci, madame Walsh.

M. Needham me fit un petit signe de loin. C'était un homme grand et athlétique, la quarantaine, un peu grisonnant.

— Bonjour, Ashley, en quoi puis-je t'aider ? demanda-t-il.

Je lui tendis un exemplaire de l'album de Brian et Penny.

— Des amis ont enregistré cet album. Leur groupe s'appelle les Sweetbriar et ils ont beaucoup de talent. Vous pouvez le garder et l'écouter, si vous voulez.

— Merci beaucoup, dit M. Needham en étudiant la photo de l'album en noir et blanc qui représentait Penny et Brian. Et c'est tout ? demanda-t-il.

— Euh... Mes amis sont en ville pour faire la promo de leur CD et ils se proposent de donner un concert gratuit ici, à Malibu. Ça sera un super concert et tous les lycéens pourront y assister. Si vous êtes d'accord, je crois que le terrain de base-ball de l'école serait parfait pour accueillir tout le monde.

— C'est une très bonne idée, Ashley ! Ce

genre d'initiative peut renforcer l'âme de notre lycée !

— C'est exactement ce que j'ai pensé, l'assurai-je.

— Alors voilà ce que je vais faire, je vais écouter cet album et si tout me convient, je te donnerai la permission d'organiser le concert sur notre terrain de base-ball.

— Génial ! monsieur Needham, vous êtes vraiment le meilleur ! Merci mille fois ! m'exclamai-je en sautant de joie.

J'ouvris mon calepin et cochai la ligne : OBTENIR LE TERRAIN DE BASE-BALL POUR LE CONCERT. Décidément, les choses s'annonçaient plutôt bien. Et la réussite de notre plan se révélait plus importante que jamais puisque d'une part nous sauvions la carrière de Penny et Brian et, d'autre part, nous permettions à Brian de venir s'installer à Los Angeles. Du même coup, lui et moi avions la possibilité de vivre notre histoire d'amour.

Il ne nous manquait plus qu'un coup de téléphone à Wild Will...

Mary-Kate

— C'est la dernière, dis-je à Jake qui collait l'affichette du club d'art dramatique sur le mur du hall. Merci, tu m'as donné un sacré coup de main !

Jake avait avalé son déjeuner en cinq minutes pour pouvoir m'aider à coller les affiches du club.

— Tout le plaisir est pour moi, répondit-il en m'embrassant.

— Hé, Impenna ! lança une voix grave. Tu vas à l'entraînement, cet après-midi ?

C'étaient Vince Montana, Paul Quinones et Andy Johnson, trois types de l'équipe de base-ball de Jake.

Jake leur fit signe.

— Salut, les gars ! Comment ça va ?

— Bonjour, Mary-Kate ! me lança Vince.

— Bonjour, Vince, bonjour, les garçons, répondis-je en souriant.

— Mary-Kate, tu viens nous voir à l'entraînement ? demanda Paul. Cindy, Jennifer et Liza seront là. Après, on va tous manger une pizza.

— Désolée, mais j'essaie de trouver de

nouveaux membres pour mon club d'art dramatique, et cet après-midi, j'ai prévu de faire du porte-à-porte jusqu'à ce que j'aie obtenu mon quota de signatures.

Jake se renfrogna.

— Je croyais que tu serais là, cet après-midi...

— Oui, mais c'était *avant* que je discute avec Nathan ce matin. Nous n'avons que deux nouveaux membres et je dois m'y mettre sérieusement si je veux que nous montions le spectacle.

— Bon, d'accord... C'est juste que je pensais...

— Désolée, Jake, j'aurais adoré venir.

Une fois les garçons partis, Jake se passa la main dans les cheveux et tourna vers moi un visage défait.

— Tu es sûre de ne pas pouvoir te débarrasser de cette corvée du club ? Ç'aurait été trop sympa que tu viennes. Tu m'aurais regardé jouer, et tu aurais discuté avec les autres et mangé des pizzas. Bref, tout ce qu'une petite amie fait en général.

Je pris Jake dans mes bras et l'embrassai tendrement.

— Tu sais comme tout ça est important pour moi. On se parle ce soir sur le Net, après ton entraînement, et je te promets qu'on fera quelque chose de sympa ensemble dès que j'en aurai fini avec tous ces problèmes.

— Ouais, c'est ça ! lança Jake en tournant les talons sans même me dire au revoir.

Je soupirai, il me faudrait régler ça avec lui très vite. Je n'avais plus qu'une journée pour sauver le spectacle du club d'art dramatique.

À la fin des cours, je fonçai au parking et sautai dans ma voiture. Ashley était rentrée à la maison avec Lauren, du coup je pouvais sans souci exécuter ma mission « porte-à-porte » pour le club d'art dramatique.

Je savais exactement par qui j'allais commencer : Danielle Bloom. Je savais aussi très exactement ce que j'allais dire à Mlle Du Snob pour la convaincre de s'inscrire. J'allais lui dire que notre club avait désespérément besoin de ses talents et que, sans elle, nous ne pourrions jamais monter notre comédie musicale.

Le truc, c'est que je n'étais pas certaine que ça marcherait. Danielle m'avait déjà fait comprendre qu'elle savait qu'elle avait du talent et qu'elle ne voulait pas participer à un minable spectacle de lycée.

Arrivée au feu rouge, je jetai un œil à ma liste posée à côté de moi, sur le siège passager. Je mémorisai l'adresse de Danielle et roulai dans les collines de Hollywood, en passant devant des demeures toutes plus belles les unes que les autres. Je tournai à droite dans la rue de Danielle et vis sa maison au bout de la rue : c'était une magnifique bâtisse. Je me garai, pris quelques *flyers* dans mon sac et sonnai à l'entrée.

— Qui est-ce ? me demanda une voix dans l'interphone.

— Hmm, je suis Mary-Kate et je vais en cours avec Danielle. Est-elle là ? dis-je en me rapprochant du micro.

Quelques instants plus tard, une femme mince aux cheveux sombres se tenait devant moi, à l'entrée.

— Oh ! m'exclamai-je quand je la reconnus. Pardonnez-moi de vous déranger, j'ai dû me tromper de maison ou peut-être d'adresse.

Juste devant moi se tenait l'une des plus

grandes stars de cinéma de Hollywood. Diana Donovan !

J'allais repartir quand elle m'arrêta.

— Attendez ! dit-elle. Vous ne vous êtes pas trompée. Je suis Diana Donovan et Danielle est ma fille.

— Mais je ne comprends pas, le nom de Danielle est Bloom ?

— Oui, c'est le nom de son père, répondit Diana avec un sourire.

— Ah, je vois, dis-je un peu bêtement.

— Danielle est à sa leçon de piano en ce moment, mais je lui dirai que vous êtes passée. Voulez-vous que je lui transmette un message ?

— Hmm, ouais. Enfin, je veux dire, oui, avec plaisir, bredouillai-je, intimidée. Je suis la vice-présidente du club d'art dramatique du lycée et je suis venue demander à Danielle de se joindre à nous pour monter la pièce de cette année. Ce sera *Grease*, dis-je en tendant une affichette à Diana.

Elle s'écria :

— Merveilleux ! *Grease* est une comédie très sympathique. J'ai moi-même joué cette pièce alors que j'étais au lycée. Je jouais Sandy, le rôle principal, évidemment.

— Oui, évidemment.

— Danielle adore *Grease*, poursuivit Diana. Elle a le DVD et connaît presque toutes les chansons par cœur.

— Génial ! m'exclamai-je.

Je n'arrivais pas à y croire : Diana Donovan séduite à l'idée de voir sa fille participer à notre pièce ! J'étais sûre qu'elle arriverait à la convaincre d'auditionner pour un rôle.

— Je me demande pourquoi Danielle ne s'est pas déjà inscrite. J'aurais parié qu'elle se serait jetée sur l'occasion.

— Eh bien... La première réunion a eu lieu il y a quelques jours, je ne crois pas qu'elle était au courant, répondis-je.

— Ah, oui, je comprends. Danielle fait plein de choses, mais j'adorerais qu'elle participe à ce spectacle. Ça me rappellerait de si bons souvenirs.

— La prochaine réunion est demain matin. C'est écrit là, sur l'affichette.

— Ne vous inquiétez pas, je la lui donnerai et je peux déjà vous garantir qu'elle sera présente à votre réunion.

— Ça sera génial pour nous de la compter parmi nos membres. Elle a un tel talent !

— Merci d'être venue, dit Diana qui souriait tout en rentrant chez elle.

En retournant à ma voiture, j'étais aux anges. Diana Donovan était vraiment sympathique et elle se débrouillerait pour persuader sa fille de se présenter à l'audition !

Je me félicitai d'avoir pris l'initiative de faire une halte chez Danielle.

C'était dingue : la fille d'une des plus célèbres actrices de Hollywood allait jouer dans notre pièce ! Ce serait le spectacle le plus fabuleux de toute l'histoire de notre lycée !

7

Ashley

Le lendemain après-midi, Mary-Kate et moi poussions la porte de l'hôtel de Brian et Penny.

— J'aurais tellement voulu leur dire que nous avions réussi à joindre Wild Will, marmonnai-je, un peu déçue.

— Mais nous avons de bonnes nouvelles ! Grâce à toi, le concert aura lieu sur le terrain de base-ball du lycée et ça va être génial ! tenta de me rassurer Mary-Kate.

— Ce qui aurait été génial, c'est d'obtenir que Wild Will annonce le concert pendant son émission. Ça aurait fait de Brian et Penny des stars, maugréai-je.

— Détends-toi, on arrivera bien à coincer Wild Will d'une manière ou d'une autre, et peut-être que Penny et Brian vont avoir une idée, lança Mary-Kate, résolument optimiste.

Nous entrâmes dans le hall de l'hôtel. Nous nous étions donné rendez-vous à cinq heures afin de faire le point sur nos projets pour le concert. Je regardai ma montre, nous avions un quart d'heure d'avance. Nous décidâmes d'aller boire un verre en attendant l'heure, et nous nous dirigeâmes vers une petite table ronde près de la piscine. En traversant la terrasse, nous aperçûmes Brian et Penny qui discutaient à une table avec un homme très chic et très bronzé. Personne n'avait l'air de bonne humeur. Mary-Kate, qui n'avait rien remarqué, se dirigea tout droit vers leur table pour leur dire bonjour.

— Salut, les filles, nous lança Penny qui nous avait vues la première. Je vous présente M. Mac Kenna. Il fait partie de notre maison de disques.

Mary-Kate et moi nous nous présentâmes à l'homme en costume.

— Nous sommes désolées de vous interrompre pendant votre réunion. Si vous le voulez nous pouvons revenir plus tard, proposai-je.

— Non, non. Restez, nous avions presque terminé de toute façon, dit l'homme.

Je m'assis dans un fauteuil près de Brian, cherchant à déceler sur son visage la teneur de la conversation qu'il avait eue avec M. Mac Kenna avant notre arrivée.

Brian me fit un petit sourire rapide, mais il semblait soucieux.

Je lui rendis son sourire pour essayer de l'apaiser un peu.

— Voici donc les informations que je vous communiquais tout à l'heure, déclara M. Mac Kenna en lui tendant une feuille de papier. Vous pourrez constater que pas un seul album n'a été vendu durant les semaines passées.

Brian fixa le document et devint livide, quant à Penny, j'eus l'impression qu'elle allait fondre en larmes.

— Je suis désolé, les enfants, soupira tristement M. Mac Kenna. J'aime beaucoup votre album et vous avez tous les deux du talent, mais je ne crois pas que nous pourrons continuer ensemble.

J'étais sidérée, M. Mac Kenna était en train de virer Brian et Penny de sa maison de disques !

— Attendez, monsieur Mac Kenna ! m'exclamai-je. Est-ce que Brian et Penny vous ont parlé du grand concert qu'ils vont donner bientôt ?

— Non, ils ne m'ont rien dit, répondit-il, hésitant.

— Alors nous allons vous expliquer ! intervint Mary-Kate. Ashley et moi, nous avons mis sur pied un grand concert des Sweetbriar, qui doit avoir lieu dans notre lycée !

— C'est vrai ? demanda M. Mac Kenna, soupçonneux.

— Oui, approuvai-je, et nous attendons au moins trois cents personnes !

— C'est bien, les enfants, dit M. Mac Kenna en souriant. Mais je ne crois pas que cela suffira à changer nos plans et...

— Wild Will sera là aussi ! ajouta Mary-Kate.

M. Mac Kenna se redressa sur sa chaise et nous fixa tour à tour.

— Wild Will Withers ? Le DJ ?

Je fis oui de la tête mais, à l'intérieur, je tremblais. Comment Mary-Kate pouvait-elle avancer un argument pareil alors que nous n'avions pas encore réussi à joindre Wild Will !

— Nous l'avons appelé et il est d'accord pour annoncer le concert des Sweetbriar dans son émission, affirma Mary-Kate.

— En plus, Mary-Kate et Ashley vont se débrouiller pour que Wild Will nous présente sur scène ! ajouta Penny.

— Elles peuvent faire ça ? demanda M. Mac Kenna.

— Oui, confirma Brian, et une fois que Wild Will aura fait notre pub, nos albums se vendront comme des petits pains !

M. Mac Kenna s'enfonça dans son siège, visiblement sidéré.

— Comment diable avez-vous pu réussir un coup pareil ?

Tout le monde se retourna vers moi, attendant que je réponde.

— Nous nous sommes débrouillées pour obtenir son numéro personnel, et après, ça n'a pas été très compliqué.

M. Mac Kenna se mit à rire et secoua la tête.

— Les enfants, si tout cela est vrai, vous m'en voyez ravi ! Brian et Penny, on rediscutera de tout ça après votre concert. Cela peut changer ma façon de voir les choses, conclut-il.

Il attrapa son attaché-case et nous quitta.

Au moment où il franchit la porte, Brian poussa un énorme soupir de soulagement.

— Les filles ! s'exclama Penny, vous êtes des amies de rêve !

— Et vous êtes toujours là au bon moment, ajouta Brian. M. Mac Kenna était juste sur le point de nous virer et hop ! vous arrivez et vous annoncez que Wild Will va faire la promo de notre concert !

Brian me sauta au cou.

— Vous êtes vraiment super !

Je regardai Mary-Kate.

Super, oui, c'est sûr, nous l'aurions été si nous avions pu réellement joindre Wild Will et si nous avions obtenu son accord. Et si nous avions réussi à le convaincre de monter sur scène pour présenter Brian et Penny !

Ça faisait beaucoup trop de si !

8

Mary-Kate

Le matin suivant, juste avant les premiers cours de la journée, Ashley et moi avions organisé une réunion de crise à la cafétéria avec toutes nos amies : Lauren, Brittany, Tashema et Melanie.

— Bon, les filles, je vous explique, commença Ashley. Mary-Kate et moi, on doit absolument trouver un moyen pour convaincre Wild Will de faire la promo du concert des Sweetbriar à l'antenne et de venir les présenter. Le souci, c'est qu'on ne sait vraiment pas comment s'y prendre !

— Il ne nous rappelle jamais quand on lui laisse un message ! ajoutai-je, désespérée.

— Si vous n'arrivez pas à joindre Wild Will, pourquoi vous n'essayez pas un autre DJ moins célèbre ? proposa Tashema.

— Parce que quelqu'un a trouvé le moyen de promettre à la maison de disques que ce serait Wild Will et pas un autre, dit Ashley en me lançant un regard lourd de reproches.

— Alors là, les filles, vous êtes dans un sacré pétrin ! constata Brittany.

— Oui, on est au courant, grognai-je.

— Et si, au lieu de lui téléphoner, vous lui apportiez le disque ? suggéra Melanie.

— On ne peut même pas lui parler, alors comment veux-tu qu'on nous laisse le voir ?

— C'est vrai, admit Brittany.

Un silence pesant s'abattit sur notre tablée.

— Tiens, au fait ! J'allais oublier, lança Lauren.

Elle sortit une coupure de presse de son sac et me la tendit. C'était une photo pas très nette d'un homme avec des lunettes de soleil et une casquette, au volant d'une voiture de sport rouge décapotable. La légende sous la photo disait : « Quand on questionne Wild Will sur son nouveau jouet décapotable rouge, il répond qu'il l'a acheté pour l'assortir à la couleur des cheveux de sa fiancée, Anna Reeves. »

— C'est gentil, Lauren, dis-je en rangeant la photo dans mon sac. Comme ça, on sait au moins de quoi il a l'air.

— Ne t'en fais pas, reprit Lauren en me prenant par les épaules, vous trouverez une solution.

Je savais qu'elle avait raison, on finirait bien par trouver quelque chose un jour ou l'autre. J'espérais juste que nous trouverions à temps pour venir en aide à Brian et Penny !

Cet après-midi-là, au club d'art dramatique, M. Owen me félicita chaleureusement.

— Mary-Kate, Nathan et toi avez fait du bon travail et vous méritez nos applaudissements. Grâce à vous, nous allons pouvoir monter notre spectacle ! (Il me tendit une liste.) Il y a une vingtaine de personnes sur cette liste, toutes désireuses de se joindre à nous. Je vous félicite ! lança M. Owen, enthousiaste. Nous sommes maintenant assez nombreux pour assurer la distribution des rôles dans *Grease* et monter le show !

— Merci, mais ça n'était pas si compliqué, dis-je en pensant malgré tout que j'avais travaillé dur pour obtenir ce résultat et que j'étais finalement plutôt satisfaite de moi.

Je parcourus les noms sur la liste. Une chose m'ennuyait, Danielle n'y figurait pas. Sans doute était-elle aussi prétentieuse qu'elle en avait l'air. Mais qu'importe, je refusais de passer une minute de plus à tenter de convaincre Mlle Du Snob.

Quelqu'un me héla.

— Mary-Kate ? Tu as une minute ?

Je me retournai et vis Jake près de la porte.

— Au travail ! lança M. Owen. Je veux m'assurer que j'ai assez de textes pour tout le monde.

Il n'était pas question que je loupe une minute de cette réunion ! M. Owen s'apprêtait à distribuer les textes pour que nous puissions nous préparer au casting et je savais exactement quel rôle je souhaitais décrocher. J'allais auditionner pour être Sandy et...

— Mary-Kate, tu m'écoutes ?

Je sursautai, Jake me fixait.

— Oh, excuse-moi, je pensais à autre chose.

— Oui, dit-il d'un ton amer. Tu fais ça tout le temps en ce moment.

J'étais étonnée de le voir aussi grave.

— Que veux-tu dire ?

— Écoute, Paul fait une fête chez lui ce soir, autour de la piscine. Il m'a proposé de t'inviter, ça te dirait ?

— Ce soir... Ce soir, répétai-je en essayant de reconstituer mentalement mon emploi du temps sans y parvenir. Aucun problème, dis-je. Je viendrai avec plaisir !

— C'est vrai ? s'exclama Jake qui sembla tout à coup fou de joie.

À cet instant Danielle passa près de moi, sans même me regarder.

— Monsieur Owen ! lança-t-elle. Je souhaiterais jouer le rôle de Sandy, s'il vous plaît.

« Sandy ! pensai-je. Pas question ! Pas le premier rôle ! »

— Pourquoi pas, mademoiselle Bloom, mais vous allez devoir auditionner pour ce rôle.

— Pas de problème, répondit Danielle, tout de suite, si vous voulez ?

Elle nous fixa Jake et moi, puis attrapa ce dernier par la chemise et l'attira à elle.

— Oh, Danny ! s'écria-t-elle d'une voix dramatique.

Puis elle se pencha sur lui et l'embrassa fougueusement sur la bouche pendant une bonne minute ! M. Owen n'en revenait pas.

— Ça ira comme ça, mademoiselle Bloom, lui dit-il.

Mais Danielle n'entendait pas.

— Mademoiselle Bloom ! répéta-t-il.

Danielle desserra son étreinte et laissa Jake s'éloigner. Il était tout rouge et fixait sa chemise d'un air hagard.

— Eh bien, je suis certain que vous serez très convaincante, déclara M. Owen à Danielle, mais vous devrez revenir cet après-midi et passer l'audition comme les autres.

— Avec joie, répondit Danielle, tout sucre et tout miel.

Elle me jeta un regard de défi et tourna les talons. J'étais abasourdie ! À quoi jouait-elle ? Mais pourquoi avais-je tenu à lui faire passer l'audition ? Pourquoi étais-je allée chez elle ?

M. Owen se racla la gorge.

— Bon, il ne me reste plus qu'à photocopier un autre exemplaire du texte. On se voit tout à l'heure, Mary-Kate.

J'acquiesçai et tentai de sourire à M. Owen. Mais j'étais folle de rage contre Danielle ! Pour qui se prenait-elle ! Quel culot d'embrasser mon petit ami !

Et Danielle allait passer l'audition pour le rôle de Sandy ! Mon rôle ! Celui dont je rêvais depuis des mois ! « Pas question de la laisser faire ! » pensai-je, les poings serrés.

— Mary-Kate ? C'est quoi, cette histoire ? demanda Jake, visiblement perdu.

Je me tournai vers lui.

— Je ne pourrai pas aller chez Paul ce soir, annonçai-je.

— Quoi ? s'emporta Jake.

— Je suis désolée, mais Danielle veut me voler le premier rôle et il faut que je travaille pour l'audition. C'est trop important.

— J'insiste, Mary-Kate, fais un petit effort ! Rien que pour moi, implora-t-il.

Je soupirai. Pourquoi rendait-il les choses si compliquées ?

— Jake, décrocher ce rôle dans *Grease* est capital pour moi. Comme pour toi le fait de jouer en première base cette année. Je ne te demanderai jamais de rater ton entraînement. Alors, tu ne peux pas me demander de rater mon audition !

Jake se raidit.

— C'est toi qui décides, lâcha-t-il, glacial.

Il tourna les talons et me planta là.

Ashley

— J'ai beaucoup réfléchi depuis que l'album est sorti, me confia Brian.

— Ah oui ?

Brian et moi marchions le long de la plage, nos chaussures à la main. Un peu plus tôt, il m'avait appelée pour m'inviter à dîner. Il s'était excusé pour son comportement étrange de la dernière fois et m'avait expliqué que ce concert à venir le rendait nerveux. Je lui avais répondu que je comprenais très bien.

Nous avions dîné dans un petit restaurant japonais sur la plage puis nous avions décidé de faire un tour au clair de lune. Nous étions vraiment bien ensemble.

— Au début, il y a eu tout un tas de trucs à faire, des réunions, des séances de photos, continua Brian. Mais quand l'album est enfin sorti, je me suis rendu compte que nous ne nous étions plus parlé depuis très longtemps. (Il s'arrêta et fixa ses pieds.) Je voulais t'appeler mais quelque chose m'en empêchait. Je suis triste que l'on se soit perdus de vue.

— C'est triste, oui, mais ça n'est pas entièrement ta faute. Entre le tournage du film et la rentrée des classes, je n'ai pas non plus eu le temps de te faire signe.

— Ashley, je n'ai jamais cessé de penser à toi, dès le moment où nous nous sommes dit au revoir.

Je ne pouvais plus prononcer un seul mot, même si je savais très bien quoi répondre. J'étais sur le point d'exploser de bonheur.

— Ashley, j'aurais adoré que nous ressortions ensemble, mais...

Il s'interrompit et regarda l'océan. J'attendais qu'il poursuive mais il semblait ne plus savoir que dire.

— C'est le problème de la relation à distance, fis-je remarquer. Au début, ça m'a gênée aussi et je ne voulais pas avoir à te quitter sans cesse, mais quand tu m'as dit que si ton CD avait du succès il te faudrait passer davantage de temps ici... (Je respirai un grand coup, j'en arrivais au moment le plus délicat)... j'ai réalisé que je me fichais d'être parfois séparée de toi. Parce que, au fond, ce qui compte vraiment, ce sont les moments qu'on passe ensemble.

Il se tourna vers moi et j'essayai de lire dans son regard.

Il remit délicatement une mèche de mes cheveux derrière mon oreille et me regarda sans dire un mot. J'étais parcourue de frissons.

Enfin, il m'embrassa.

Ce fut un baiser inoubliable...

9

Mary-Kate

— Est-ce que je t'ai déjà dit qu'il embrasse comme un dieu ? me demanda Ashley, rêveuse.

— Quoi ? marmonnai-je.

J'étais à mon bureau et j'essayais de travailler mon audition du lendemain. Mais depuis qu'Ashley était rentrée de son rendez-vous, elle était intarissable.

Si j'avais été dans mon état normal, j'aurais discuté avec elle, mais, là, j'étais trop en colère contre Danielle.

Cette petite blonde prétentieuse avait mis la zizanie entre Jake et moi...

Une seconde ! Blonde... Rousse...

Cela me faisait penser à autre chose... Oui, bien sûr ! La couleur rouge !

Je fouillai dans mon sac pour retrouver la photo de Wild Will que Lauren m'avait donnée. Je scrutai photo et légende.

— Ça y est, j'ai trouvé ! hurlai-je.

— Qu'est-ce qu'il te prend ? demanda Ashley.

Je bondis sur mon lit.

— Je le crois pas ! Je viens juste de trouver comment faire en sorte que Wild Will écoute le CD de Brian et Penny !

— Ah oui, et comment ?

— Demain matin, toi et moi, on ira lui tendre une embuscade !

Ashley

— Mary-Kate, tu es vraiment sûre que nous sommes obligées de nous planquer derrière cette vieille voiture toute déglinguée ? Je vais me salir et je commence à avoir des fourmis dans les jambes !

Nous étions en planque dans le parking de la station de radio de Wild Will, en attendant que le célèbre animateur quitte son bureau.

Le plan de Mary-Kate pour coincer Wild Will était brillant. Nous avions une photo de sa voiture décapotable rouge, nous l'avions repérée dans le parking, et maintenant nous attendions qu'il se montre. Nous avions prévu de lui donner le CD et de tout lui dire sur le concert à venir. Une fois qu'il aurait écouté le CD, le tour serait joué !

— Oui, on doit rester là, reprit Mary-Kate. C'est le meilleur endroit pour garder un œil sur sa voiture.

— Mais pourquoi faut-il qu'on se cache ? On ne peut pas l'attendre debout, comme n'importe qui ?

— Non ! Wild Will ne doit pas penser qu'on l'attend.

— Mais c'est pourtant ce qu'on fait !

— Tais-toi ! Quelqu'un vient.

Un homme d'une trentaine d'années traversait le parking. Il sifflait en jouant avec ses clefs de voiture.

— Si c'est lui, c'est parfait. Il a l'air de très bonne humeur.

Je me penchai sur le capot de la voiture pour mieux voir. L'homme avait les cheveux bruns et bouclés comme Wild Will mais il était bizarrement habillé. Il portait un costume sombre et une cravate. Pas du tout ce à quoi je m'attendais de la part d'un DJ célèbre, mais, au fond, que savais-je des habitudes vestimentaires des DJ ?

Les pas de l'homme résonnèrent quand il passa près de nous. Mary-Kate me serra le bras, angoissée. Était-ce bien lui ? Il pressa un bouton sur sa clef de voiture et les phares de la décapotable clignotèrent.

C'était lui !

— On y va, lança Mary-Kate.

Nous sortîmes de notre cachette pour foncer sur lui.

— Excusez-moi, dis-je.

L'homme se retourna et attendit.

— Désolée de vous déranger, dis-je en pressant l'album des Sweetbriar contre moi, mais vous devez absolument écouter cet album ! C'est celui des Sweetbriar et ils ont vraiment beaucoup de talent !

Wild Will regarda le CD.

— Les Sweetbriar ? Jamais entendu parler !

— C'est vrai, intervint Mary-Kate, mais dès que vous aurez écouté l'album, vous les adorerez !

— Vous croyez ? (Il retourna le CD et lut la liste des morceaux.) O.K., nous verrons bien. J'avais envie d'entendre quelque chose de nouveau aujourd'hui, ça tombe bien !

Mary-Kate et moi étions surexcitées.

Wild Will s'assit dans sa voiture et mit le lecteur de CD en route, puis il baissa sa vitre. Quand le premier morceau démarra, j'étais aux anges ! Wild Will écoutait enfin l'album de Brian et Penny !

— C'est bien, dit-il en battant la mesure. Vraiment très bien !

— Alors vous viendrez à leur concert ? demandai-je, impatiente.

— Et vous l'annoncerez dans votre émission ? ajouta Mary-Kate.

Il nous regarda sans comprendre.

— Mon émission ? répéta-t-il.

Je lançai un regard à Mary-Kate et sentis tout à coup le désespoir m'envahir.

— Vous n'êtes pas Wild Will, le célèbre DJ ? demanda Mary-Kate.

L'homme éclata de rire.

— Pas du tout, je suis Dave Sanders, le comptable de la station.

Nous devions avoir l'air complètement bouleversées.

— Je suis désolé de vous décevoir, dit-il.

— Nous espérions vraiment pouvoir parler à Wild Will. Est-ce qu'il ne gare pas sa voiture ici ?

— Non, il se fait conduire ici tous les jours.

Évidemment ! Comment n'y avais-je pas pensé ! Il avait un chauffeur !

— Enfin, quoi qu'il en soit, merci pour le CD, dit le comptable.

— Pas de quoi, répondis-je d'une voix faible.

Il mit le contact, recula et s'en alla.

— Hé ! Une seconde, hurla Mary-Kate, c'est MON album !

10

Ashley

— Les affiches que Penny a fabriquées sont vraiment super ! m'exclamai-je. Si le concert n'avait pas été gratuit, avec des affiches pareilles, on aurait vendu toutes les places !

Mary-Kate et moi, ce lundi-là, nous avions passé une heure entière après les cours à coller des affiches du concert à peu près partout où c'était possible. Les gens commençaient à venir nous demander des renseignements à propos des Sweetbriar. Le terrain de base-ball allait être plein à craquer !

— Mais nous n'avons pas encore réussi à coincer Wild Will, releva Mary-Kate. Et s'il ne monte pas sur scène pour annoncer le concert, M. Mac Kenna va virer Brian et Penny, c'est certain !

— Si tu crois que je ne le sais pas, maugréai-je. Il nous faut un nouveau plan, mais lequel ?

— On reparlera de tout ça plus tard, fit Mary-Kate. Mon audition est dans cinq minutes. Quand je pense que Danielle veut le rôle principal !

Je l'attrapai par les épaules et la secouai affectueusement.

— Ne t'en fais pas, tu vas être géniale. D'ailleurs, si M. Owen fait passer les auditions, tu n'as aucun souci à te faire, il est fou de toi !

— Je comptais bien là-dessus mais ils sont quatre dans le jury, deux autres profs et le conseiller d'éducation.

— Tu vas les épater, l'assurai-je. (Je l'avais fait répéter et j'en étais persuadée. Mais je sentais que quelque chose d'autre la tracassait.) Tu as vu Jake aujourd'hui ?

— Non, fit-elle. Nous ne nous sommes pas parlé depuis la semaine dernière.

— Ça va s'arranger !

— J'espère bien.

— Allez, vas-y et casse la baraque !

Elle s'éloigna en faisant mine de tituber.

« Pauvre Mary-Kate, pensai-je. Entre Danielle, le concert et les auditions, elle aurait bien besoin du soutien de son petit ami.

Au fait, en parlant de petit ami... »

Je pris mon téléphone portable et composai le numéro de l'hôtel de Brian. Je ne l'avais pas revu depuis notre rendez-vous et ne cessais de penser à ce merveilleux baiser. Pendant que ça sonnait, je continuai à poser des affiches, mais, au bout de cinq sonneries sans réponse, je décidai de laisser tomber. Il y avait des choses bien plus importantes ! Je devais m'assurer que Wild Will viendrait au concert, et ça, à n'importe quel prix !

Mary-Kate

En entrant dans l'auditorium, je regardai autour de moi et vis Danielle me fixer, l'œil méchant. Visiblement, elle tentait de me déstabiliser. Comme si je n'avais pas assez de problèmes avec Jake, il fallait maintenant que j'affronte Mlle MA-MÈRE-EST-

UNE-SUPER-ACTRICE-ET-JE-SUIS-SA-DIGNE-HÉRITIÈRE.

« Ne te laisse pas impressionner, me dis-je. Tu t'es vraiment bien préparée pour ce rôle, tu n'as rien à craindre ! »

Regonflée, je rejoignis le groupe de ceux qui auditionnaient. À part Danielle, il y avait quatre autres filles pour le rôle de Sandy. L'auditorium était plein à craquer. Tous les membres du club étaient là. Même ceux qui ne souhaitaient pas se présenter. Je m'assis près de Brittany qui passait pour décrocher le rôle d'une Pink Lady.

Je sortis le texte de mon sac et regardai le premier rang. Trois des membres du jury y étaient installés. Ils avaient déjà, prêts à l'emploi, une feuille de papier et un crayon. Il y avait M. Wesley, un prof de français, le prof de musique, M. Harnhauer, et la conseillère d'éducation, Mme Greenberg.

M. Owen était sur scène.

— Bienvenue aux auditions pour notre comédie musicale *Grease* ! lança-t-il sous les applaudissements.

M. Owen énonça tous les rôles qui devaient être distribués et les noms des personnes qui auditionnaient pour chaque rôle.

Il annonça six Sandy potentielles, cinq Rizzo et une multitude de Pink Ladies.

— Pour le rôle de Danny Zuko, nous avons deux jeunes hommes qui se présentent.

Deux jeunes hommes ! Tout le monde dans la salle se regarda et murmura. Jusqu'à hier, Nathan était le seul prétendant au rôle de Danny. Il avait beaucoup d'expérience en tant qu'acteur, et tout le monde était d'accord pour dire qu'il méritait de décrocher ce premier rôle masculin.

— Je me demande qui peut bien être l'autre type ? chuchotai-je à Brittany.

— C'est peut-être Kevin ou Lee, suggéra Brittany. Ils avaient tous les deux postulé pour des rôles moins importants. Peut-être que l'un d'eux a trouvé le courage d'affronter Nathan, dit-elle.

« Qui que ce soit, il est vraiment gonflé, pensai-je. Nathan est trop doué... »

— À présent, passons à notre première audition, annonça M. Owen. Danielle Bloom.

J'agrippai fermement l'accoudoir de mon fauteuil. Comme je m'y attendais, Danielle prit tout son temps pour se lever. Elle rejoignit la scène avec un air pénétré.

— Je suis à vous dans une seconde, annonça-t-elle à M. Owen. (Elle ferma les yeux et leva les bras, comme si elle s'apprêtait à concourir pour une épreuve des J.O. Elle ouvrit les yeux.) On peut y aller, maintenant.

Brittany leva les yeux au ciel.

— Elle en fait des tonnes ! dit-elle.

Évidemment, Danielle fut excellente. Sa voix était puissante et transcrivait à merveille les sentiments du personnage. Je voyais Danielle se transformer sous mes yeux en midinette des années cinquante, folle d'amour pour un garçon. Elle était fascinante. J'étais troublée mais heureuse d'avoir choisi une autre scène pour mon audition.

Quand Danielle quitta la scène, le public lui fit une telle ovation que je me recroquevillai sur ma chaise et gigotai, mal à l'aise. Mais pourquoi avais-je été tirer Danielle de chez elle pour passer cette audition ! Je l'avais presque suppliée. Comment avais-je pu faire une chose aussi stupide ?

« Tu as pensé au bien du club d'art dramatique, me rappelai-je. Et de toute façon, la compétition est une bonne chose. Excellente pour la santé et... le stress ! »

M. Owen fit passer sur scène deux autres prétendantes au rôle de Sandy. Une deuxième année et une senior. Chacune d'elles eut droit à un gentil succès d'estime. Rien de comparable avec le triomphe de Danielle. C'était bientôt mon tour et j'étais morte d'angoisse.

— Bon, poursuivit M. Owen, pour changer un peu de registre, passons au rôle de Danny. Monsieur Impenna, venez sur scène, je vous prie.

M. Impenna ?

Jake s'approcha de la scène. J'étais pétrifiée. Jake auditionnait pour la pièce ? Qu'est-ce qui lui prenait ?

— C'est quand vous voulez, monsieur Impenna, fit M. Owen.

Il y eut un long silence, je sentais le regard de Brittany sur moi.

— Qu'est-ce qu'il trafique ? chuchota-t-elle. Pourquoi ne dit-il rien ?

Je secouai la tête pour lui faire comprendre que je n'en avais pas la moindre idée.

— En fait, expliqua Jake au jury, je me suis décidé à la dernière minute. Alors je n'ai pas pu apprendre une scène du rôle par cœur.

— Ça n'est pas grave, le rassura M. Owen. Faites ce que vous avez envie de faire du moment que vous nous montrez vos capacités.

Jake réfléchit un moment.

— Ça y est ! J'ai trouvé. C'est une chanson que j'ai chantée pour le festival d'été il y a quelques années et j'ai cassé la baraque !

« Quel festival ? me demandai-je. Quand Jake a-t-il chanté pour un festival ? »

Il se tenait au milieu de la scène et s'éclaircit un peu la voix.

— « Je suis une petite théière, petite et ventrue, se mit-il à chanter. Voyez mon anse, voyez mon bec... »

Je m'enfonçai dans mon fauteuil, cachée derrière mon texte et morte de honte. Comment peut-il faire une chose pareille ? Il ne peut pas chanter « Je suis une petite théière » devant tout le club d'art dramatique quand même ! Je jetai un coup d'œil gêné vers la scène.

— « Quand l'eau est chaude, je pousse un cri... »

Il est vraiment en train de le faire ! Ce n'est pas un cauchemar, je suis dans la réalité !

— « Attrapez-moi et videz-moi ! »

Quand Jake eut terminé, tout le monde gloussa. Au fond de la salle, quelques garçons sifflèrent et applaudirent, mais le jury resta de marbre.

— Merci beaucoup, dit M. Owen. C'était... intéressant.

Jake sourit et salua.

« C'est une blague, il se croit très drôle », me dis-je.

J'étais folle de rage !

Jake descendit de la scène et s'approcha de moi. Je jetai mon texte sur mon siège et l'entraînai au fond de la salle.

— Mais à quoi tu joues ? hurlai-je.

Jake sembla surpris par ma colère.

— Hé, calme-toi, Mary-Kate, J'ai juste passé l'audition pour la pièce.

— C'est une audition sérieuse et tu chantes une chanson de bébé !

— Je sais, dit Jake. C'est la seule chanson que j'avais déjà chantée sur scène. Du coup, j'étais tranquille parce que quand je l'ai chantée la dernière fois, j'ai vraiment fait un tabac !

— Ah oui, je vois ! Tu as fait un tabac au festival d'été quand tu avais quatre ans, c'est bien ça ?

— Oui, c'est ça, approuva Jake. Écoute, tu sais que je ne suis pas un vrai comédien, mais au moins les juges ont vu que j'étais capable de faire n'importe quoi pour avoir un rôle dans ce spectacle.

— Tu n'as pas la moindre envie de participer au spectacle. Tu as fait ça uniquement pour me faire honte !

Jake secoua la tête, l'air désolé.

— Tu ne comprends vraiment rien, Mary-Kate.

— O.K., alors explique-moi pourquoi...

— Je me sentais mal depuis notre dispute. Nous ne passons pas assez de temps ensemble. (Il parlait de plus en plus fort.) Je pensais que si je faisais partie de ton club d'art dramatique, les choses s'arrangeraient, mais tu es bien trop égocentrique pour comprendre ça !

Il se tut un instant.

— Bon, à un de ces jours, Mary-Kate.

Sur ce, il tourna les talons et sortit de la pièce.

Avant même que j'aie pu décider de lui courir après, M. Owen appela mon nom.

C'était à moi de passer sur scène.

Je tentai de reprendre mes esprits. « Ressaisis-toi, Mary-Kate, me dis-je. Cette fois, ça y est, c'est le grand moment. Celui que tu attends depuis si longtemps ! »

Doucement, calmement, je marchai jusqu'à la scène. Je regardai le public, tout le monde attendait. Je respirai un grand coup, et me lançai.

11

Ashley

— Félicitations, Mary-Kate ! dis-je. Tu as été parfaite pour l'audition, hier. Brittany m'a dit que tu avais été excellente !

Nous étions mardi après-midi et nous roulions en direction de la station de radio de notre insaisissable DJ Wild Will. Nous avions un pli urgent à lui remettre.

Depuis son audition, Mary-Kate était complètement déprimée, mais je n'arrivais pas à savoir si ça concernait l'audition ou Jake, et dès que j'abordais le sujet « Jake », elle changeait de conversation.

— Ils donnent les résultats demain, m'annonça Mary-Kate. On saura si j'ai été bonne ou non.

Je mis mon clignotant et m'engageai sur l'autoroute. Mary-Kate se saisit de notre paquet.

— Ça devrait vraiment attirer son attention, dis-je en désignant le paquet.

Nous avions enveloppé un exemplaire de l'album des Sweetbriar dans du papier flashy et avions accroché plein de ballons de toutes les couleurs. Il y avait aussi une lettre avec tous les détails concernant le concert gratuit de Brian et Penny auquel Wild Will était cordialement invité à se rendre.

Nous avions projeté de donner le paquet à Wild Will et de lui expliquer combien Brian et Penny étaient de bons musiciens.

Je glissai mon album des Sweetbriar dans le lecteur CD de la voiture et je poussai le volume à fond.

— Est-ce que Brian t'a téléphoné ? me demanda Mary-Kate.

— Non, pas depuis quelques jours, admis-je. Mais je ne suis pas inquiète, il doit être débordé entre les répétitions et le reste. Après tout, c'est sa carrière qu'il joue en ce moment.

— Oui, approuva Mary-Kate, il doit être super stressé. (Elle tourna et retourna le paquet dans ses mains.) Ne t'en fais pas, Ash, notre plan va marcher, cette fois, j'en suis sûre.

— Je crois, dis-je. De toute façon, on n'a plus le choix !

Je montai encore un peu le volume de la stéréo et nous nous mîmes à chanter en chœur.

— Et au fait, tu en es où, avec Jake ? Tu lui as parlé depuis hier ?

— Non, soupira Mary-Kate. Je me sens tellement stupide. Il a essayé d'être gentil en passant l'audition pour la pièce et moi je l'ai envoyé balader.

J'aurais voulu donner un coup de main à Mary-Kate mais je repoussai ça à plus tard. Pour l'instant, je devais me concentrer sur la réussite du plan Wild Will !

Le bâtiment qui abritait la station de radio nous apparut.

— On y est, dis-je en me garant.

Nous entrâmes dans le hall et nous approchâmes du garde derrière son bureau.

— Nous avons un paquet pour Wild Will, lui annonça Mary-Kate.

— Déposez-le sur ce bureau, ordonna le garde.

— Impossible ! m'écriai-je. C'est personnel et on nous a formellement conseillé de le lui donner en main propre.

— Est-ce que quelqu'un là-haut attend ce paquet ? demanda le garde en jetant un regard soupçonneux sur nos ballons multicolores.

Je regardai Mary-Kate. Je détestais mentir mais c'était pour le bien de mes amis.

— Évidemment, répondis-je. Nous avons parlé à son assistant, Peter, et il nous a dit de monter.

Le garde baissa les yeux.

— Prenez l'ascenseur sur votre droite, vingt et unième étage, annonça-t-il brièvement.

— Merci ! m'exclamai-je en me précipitant vers l'ascenseur avec Mary-Kate sur les talons.

— Incroyable ! dit-elle. On y est enfin arrivées !

Au vingt et unième étage, une réceptionniste à l'air peu aimable leva les yeux vers nous.

— Puis-je vous aider ?

— Oui, nous voudrions voir Wild Will, lançai-je.

— Une minute, je vous prie.

La réceptionniste composa un numéro.

— Il y a quelqu'un pour Will à l'accueil, annonça-t-elle.

Et elle raccrocha.

— Vous pouvez patienter ici, nous dit-elle.

Mon cœur battait à tout rompre. Wild Will allait bientôt franchir le seuil de son bureau et venir nous parler ! Comment cela avait-il pu être aussi simple ?

Un jeune homme mince aux cheveux en bataille apparut.

— C'est à quel sujet ?

— Hmm, vous êtes Wild Will ?

— Non, je suis Peter, son assistant.

— Ah, parfait ! Pouvons-nous, je vous prie, parler à Wild Will ?

— Impossible, il est en réunion. Puis-je vous demander qui vous êtes et ce que vous voulez ?

— Mon nom est Ashley, dis-je en soupirant. Et...

— Ah oui ! La fille du fan-club ! Ravi de te rencontrer. (Il se tourna vers Mary-Kate.) Et je suppose que c'est ta sœur.

Mary-Kate fit oui de la tête et salua Peter.

— Bon, dites-moi ce que vous avez à dire à Wild Will et je vous promets que ce sera transmis dans les meilleurs délais.

Mary-Kate et moi échangeâmes un regard mais que pouvions-nous faire ? Nous étions allées aussi loin qu'il était possible. Mary-Kate tendit le paquet à Peter.

— Nous avons ceci à lui remettre. C'est très important qu'il écoute cet album et qu'il lise la lettre qui va avec.

Peter prit le paquet.

— Ne vous inquiétez pas, je vous promets que ça sera fait. Merci, les filles.

Il fit demi-tour et retourna à son bureau.

Peut-être cela allait-il fonctionner. Du moment que Wild Will avait le paquet, qu'importe la façon dont il l'avait obtenu. De toute façon, Wild Will voudrait sûrement savoir ce qu'il contenait. C'était sûr !

Enfin, pas si sûr que ça...

Peter s'arrêta et déposa le paquet sur une table derrière le bureau de la réceptionniste. Je me mis sur la pointe des pieds pour voir ce qu'il y avait sur la table, et là, ce fut le désespoir : une douzaine de CD enveloppés dans des papiers plus colorés les uns que les autres avec une enveloppe accrochée à chacun. Et je pressentais qu'ils étaient tous pour Wild Will !

— On ferait mieux de trouver un autre plan de bataille, dis-je en me tournant vers Mary-Kate. Et vite ! Le concert est dans trois jours !

Après notre échec à la station de radio, j'avais besoin d'un peu de réconfort. Je raccompagnai donc Mary-Kate à la maison et allai rendre une petite visite surprise à Brian. Pas seulement pour me détendre, mais parce que je voulais être sûre qu'il allait bien.

Je poussai la lourde porte en verre de l'hôtel de Brian et Penny, et pénétrai dans le hall.

Le fait de ne pas lui avoir parlé depuis plusieurs jours m'avait rendue un peu inquiète et savoir que tout allait bien me rassurerait et me permettrait de me concentrer à nouveau sur le projet Wild Will.

Je retirai mes lunettes de soleil et fermai les yeux. J'avais toujours du mal à m'habituer au soleil de Los Angeles.

— Salut, Ashley !

Je me retournai vers la voix et j'aperçus Penny qui me faisait signe. Elle était installée dans un énorme fauteuil, un magazine musical ouvert sur les genoux. Je souris et m'approchai d'elle.

— Comment ça va ? lui demandai-je en me laissant tomber sur une chaise.

— Ça va super ! Au fait, merci à toi et à Mary-Kate. Brian et moi, on est comme des dingues en pensant au concert qui approche.

— Donc, Brian va bien ?

Penny me fixa sans comprendre.

— Ben oui, pourquoi ça n'irait pas ?

— Ça fait plusieurs jours que je n'ai plus de ses nouvelles, alors j'étais un peu inquiète, expliquai-je.

— Ah oui, je vois. Il est très pris par les préparatifs du concert. Tu te rends compte que le DJ le plus important de Los Angeles va venir !

Je me rendais surtout compte que le DJ le plus important de Los Angeles n'était encore au courant de rien ! J'étais un peu mal à l'aise.

— Hmm... Tu crois que Brian est dans sa chambre ?

— Oui, il doit y être, répondit Penny en me regardant avec attention. Quelque chose ne va pas, Ashley ?

— En fait, je ne sais pas, dis-je. Brian et moi, nous avons eu un rendez-vous qui s'est super bien passé. C'est pour ça que je suis un peu étonnée de ne plus avoir eu de nouvelles depuis.

— Qu'est-ce que tu veux dire par rendez-vous ?

— Tu sais bien, murmurai-je, un peu gênée. Il m'a invitée à sortir, on s'est baladés sur la plage.

Penny se renfrogna un peu.

— Tu es certaine que c'était ce genre de « rendez-vous » ?

— Absolument, affirmai-je. Pourquoi ?

— Ashley, dit-elle en se mordant la lèvre, il y a quelque chose que tu dois savoir, je pense que tu devrais discuter avec Brian.

— Brian, c'est moi, Ashley ! lançai-je en frappant à la porte de sa chambre.

Pas de réponse. J'allais faire demi-tour quand j'aperçus Brian près de la piscine.

— Brian !

Je me dirigeai en hâte vers la piscine sans cesser de penser un instant à ce que Penny venait de me dire à propos de mon rendez-vous et de la chose que je devrais savoir... Qu'avait-elle voulu dire ? Je savais mieux qu'elle ce qui s'était passé l'autre soir entre Brian et moi. Je n'avais pas inventé la balade au clair de lune sur la plage et le baiser. Je n'avais pas le moindre doute là-dessus !

Les rayons du soleil m'écrasèrent quand je sortis. Brian se tenait debout près d'un tas de chaises longues vides. Il me tournait le dos.

J'avais très envie de me précipiter vers lui et de le prendre dans mes bras, mais avec tout ce que Penny m'avait dit, j'étais un peu troublée et je décidai de me retenir.

J'allais l'appeler quand je compris qu'il était au téléphone.

— Tu me manques atrocement aussi, Cara, disait Brian à son interlocutrice.

À ces mots, je me figeai.

Qui était cette Cara ? Brian ne m'en avait jamais parlé.

— Moi aussi, mon cœur, j'aimerais être près de toi, continua-t-il.

« Mon cœur ? »

— Non, je ne sais pas quand je vais rentrer. Tout dépend de ce qui se passera après le concert.

L'espionner me rendait très mal à l'aise, mais je ne pouvais pas m'en empêcher. Qui était cette Cara ?

Brian se mit à rire.

— Mais bien sûr que l'on restera ensemble quand je serai riche et célèbre !

J'étais complètement abattue. Je n'arrivais pas à croire ce que j'entendais. Tout à coup, j'eus terriblement froid.

Moi qui avais fait confiance à Brian, qui lui avais avoué mes sentiments, j'apprenais maintenant qu'il avait une petite amie !

— J'ai vraiment hâte de te revoir, murmura Brian dans le téléphone.

Je commençai à faire demi-tour le plus lentement possible. « Ne te retourne pas », pensais-je très fort. Je ne voulais pas qu'il me voie.

Mais pourquoi avait-il fait une chose pareille ? Pourquoi m'avoir embrassée alors qu'il avait déjà une petite amie ? J'étais troublée, gênée, furieuse et blessée. J'aurais voulu lui arracher son téléphone et le jeter dans la piscine, mais j'essayai de me contrôler. Je continuai à marcher à reculons jusqu'à la porte et... badaboum ! je heurtai une chaise longue qui tomba sur le sol avec fracas. Brian se retourna aussitôt.

Oh non !

Nous nous dévisageâmes un long moment. J'étais écarlate et Brian était blanc comme un linge.

— Hmm, Cara, est-ce que je peux te rappeler dans un moment ?

J'étais face à lui, folle de rage.

— Oui, moi aussi, murmura-t-il avant de raccrocher.

— Ashley, je... commença Brian

— Mais pourquoi tu ne m'as rien dit ? hurlai-je en lui coupant la parole.

— J'ai essayé de te le dire, Ashley, mais...

Brian avait l'air vraiment très mal. Mes yeux étincelaient de rage.

— Ah vraiment ? ricanai-je. Et quand ? Parce que je ne m'en souviens pas du tout ! Je me souviens que tu m'as dit que tu voulais qu'on ressorte ensemble, je me souviens que tu m'as embrassée. Mais, franchement, je n'ai aucun souvenir d'une petite amie !

— Je voulais te le dire, insista-t-il.

— Alors il fallait le faire !

Brian se tut un instant.

— Je t'aime beaucoup, Ashley. Je n'ai pas voulu t'en parler parce que je niais la situation.

— Nier quoi ? Que tu m'aimes beaucoup ou que tu as une petite amie ?

— Quand je t'ai revue, tout m'est revenu en mémoire, la façon dont nous étions bien ensemble. Je crois que, à ce moment-là, une partie de moi voulait revivre ça.

Il se passa une main dans les cheveux, embarrassé.

— Et après, tu t'es montrée si parfaite, en nous aidant exactement comme l'été dernier. Tu as fait tellement pour nous... Comment t'expliquer ça... Je n'ai pas eu le courage de te dire que j'étais passé à autre chose.

Je restais là, sans voix. Quel baratineur ! J'étais forcée de me demander s'il avait réellement voulu que je redevienne sa petite amie ou s'il n'avait agi que par intérêt.

— Ashley, je ne mentais pas quand je t'ai dit que je n'avais pas cessé de penser à toi, continua Brian. J'aurais vraiment aimé qu'on reste ensemble, mais on était si loin l'un de l'autre, et tout est si différent maintenant.

J'avais la gorge serrée.

— Tout ce que je vois, c'est que tu aurais dû me dire que tu avais une nouvelle petite amie *avant* de m'inviter à sortir et surtout *avant* de m'embrasser !

— Je sais, murmura-t-il. J'étais un peu paumé. Je suis désolé de t'avoir menée en bateau.

— Je suis aussi désolée que toi, Brian ! Désolée de n'avoir rien compris. D'avoir pensé que tu étais un type bien et que tu aurais fait un parfait petit ami. Je vois bien, maintenant, à quel point je me suis trompée !

Mary-Kate

Alors que je me dirigeais vers ma chambre, j'entendis, venant de la chambre d'Ashley, la mélodie de l'un des morceaux de l'album de Brian.

C'était « Blue Eyes », la chanson que Brian avait écrite pour ma sœur.

... « *Avant de te rencontrer*
J'ignorais qu'un jour une fille
Compterait autant pour moi »...

Je glissai un œil dans l'entrebâillement de la porte. Ashley était allongée sur son lit et fixait le plafond. La chanson passait en boucle, Ashley l'avait mise en mode « Repeat ».

« Waouh ! Ça n'a pas l'air d'aller très fort ! » me dis-je.

Je frappai discrètement à la porte.

— Ashley ? Quelque chose ne va pas ?

Elle se tourna vers moi, ses yeux étaient tout rouges et pleins de larmes.

— Oh, presque rien, répondit-elle. À part que Brian a une petite amie à Seattle.

— Quoi ! m'exclamai-je. Mais c'est ridicule ! Il te drague depuis le jour où nous l'avons revu ! Comment peut-il avoir une petite amie ?

Ashley roula sur son lit et haussa les épaules.

— Je l'ai entendu lui parler au téléphone. Il ne voulait pas me le dire. Je n'aurais jamais dû le découvrir.

Elle fixa sa chaîne stéréo.

— Rends-moi un service, s'il te plaît. Éteins ce CD de malheur, je ne sais même pas pourquoi je l'écoute.

Je m'exécutai.

— Je pensais qu'il se passait un truc spécial entre nous, raconta-t-elle. Mais maintenant, je ne sais plus. Est-ce qu'il tenait vraiment à moi, ou a-t-il menti tout le temps ?

— Ashley, il t'a toujours beaucoup aimée et je sais que c'est encore le cas aujourd'hui.

— Eh bien, moi, je n'en ai plus rien à faire et qu'il ne compte plus sur moi pour lui donner un coup de main. À partir de maintenant, je ne m'occupe plus de leur concert !

J'étais embêtée.

— Écoute, Ashley, je sais que Brian s'est comporté comme un idiot, mais ça n'a rien à voir avec le concert et le reste. Ne mélange pas tout !

— Bien sûr que ça a un rapport ! Pourquoi devrais-je aider Brian après ce qu'il m'a fait ?

— Tu es blessée, et à ta place, je le serais aussi. Mais tu ne veux pas réellement briser la carrière de Brian et Penny, je me trompe ?

— Cette histoire de concert peut bien se casser la figure, ça m'est cent pour cent égal ! grommela-t-elle en se retournant dans le lit et en se cachant la tête sous son oreiller.

13

Mary-Kate

Quand tout le monde fut installé, M. Owen prit place au centre de la scène. Nous étions mercredi après-midi et le grand jour était enfin arrivé. Les bavardages cessèrent au moment où M. Owen s'éclaircit la voix et sortit une feuille de papier.

— Dès que vous aurez tous pris place, j'annoncerai les résultats du casting de notre spectacle.

J'étais en transe, mes mains étaient moites et mon cœur battait la chamade.

— Je suis certaine que tu seras Sandy, me dit Brittany. Tu as assuré, à l'audition.

— Merci, et toi tu feras une Pink Lady géniale. On va s'amuser comme des folles pendant les répétitions !

Nous nous rapprochâmes l'une de l'autre pour attendre les résultats. Si je ne décrochais pas le rôle de Sandy, j'espérais bien obtenir un rôle sympa. Pourquoi pas Rizzo, la chef des Pink Lady, ou Frenchy, un de mes personnages préférés ?

En réalité, le rôle que je voulais par-dessus tout, c'était celui de Sandy. J'avais travaillé dur pour le décrocher et je voulais y croire ! Mais depuis quelque temps, les choses ne se passaient pas aussi bien que je le souhaitais. Je n'étais pas parvenue à convaincre Ashley de persévérer pour le concert de Brian et je n'avais pas pu joindre Jake. J'avais essayé de l'appeler la veille au soir, mais il était sorti avec des copains et aujourd'hui, entre midi et deux, il avait une réunion de base-ball. J'avais la très nette impression qu'il m'évitait.

J'avais beaucoup repensé à tout ce qu'il m'avait dit et je savais qu'il avait raison. Je m'étais comportée comme une égoïste. Je l'avais accusé de ne pas respecter ma passion pour l'art dramatique, mais il avait passé tout un déjeuner à m'aider à distribuer des tracts pour le spectacle. J'aurais dû passer plus de temps avec lui. J'aurais dû lui montrer qu'il était important pour moi.

Je jetai un œil à Danielle. Elle feuilletait négligemment un cahier posé sur ses genoux comme si elle se moquait pas mal des résultats du casting.

« Tu parles ! me dis-je. Mme J'AI-DES-NERFS-D'ACIER nous fait encore son numéro. »

— Attention, tout le monde, je vais commencer par les choristes et remonter jusqu'aux premiers rôles, annonça M. Owen.

Ce qui signifiait que j'allais trembler jusqu'au dernier moment !

À chaque rôle distribué, j'applaudissais à tout rompre, et quand Brittany fut choisie pour tenir le rôle d'une Pink Lady, je hurlai de joie. Puis vint enfin le moment des rôles principaux.

— Le rôle de Danny Zuko sera tenu par Nathan Sparks, annonça M. Owen. Mais je tiens à souligner que nous avons beaucoup apprécié la performance de Jake Impenna. Il a fait preuve de courage et d'audace !

L'assistance éclata de rire au souvenir du

passage sur scène de Jake. Même moi, je me surpris à sourire. En y repensant, c'était plutôt drôle.

— Et maintenant, venons-en au rôle de Sandy, déclara M. Owen d'un ton solennel.

Je regardai Danielle qui semblait pour la première fois un peu nerveuse.

— Nous avons longuement hésité avant d'attribuer ce rôle, précisa M. Owen. Deux des concurrentes étaient vraiment très douées.

Danielle et moi échangeâmes un bref regard puis nous nous concentrâmes sur M. Owen.

— Je tiens à remercier Mary-Kate Olsen qui nous a permis, grâce à ses efforts, de monter cette pièce.

Et j'eus droit à une salve d'applaudissements qui, en temps normal, m'aurait fait plaisir sauf qu'aujourd'hui une seule chose comptait : le rôle de Sandy !

— Nous avons donc décidé d'attribuer le rôle de Sandy à Mary-Kate et celui de Rizzo à Danielle, qui saura, nous en sommes certains, en faire une magnifique interprétation.

Danielle poussa un cri de surprise. J'allais lui adresser un sourire de triomphe quand je lus le désespoir sur son visage et je n'en fis rien. Elle se rua hors de l'auditorium, en oubliant son cahier et son sac à dos.

Tout le monde applaudissait et me félicitait, mais, au lieu d'être ravie, je me sentais bizarre.

J'avais gagné, j'étais Sandy ! Alors pourquoi étais-je si triste pour Danielle ?

Ashley

Le téléphone sonna. Je me précipitai pour décrocher en espérant que c'était Mary-Kate qui m'annonçait les résultats de son audition.

— Allô ?

— Salut, fit la voix à l'autre bout du fil. C'est Penny.

— Oh, oui... fis-je.

— J'appelais juste pour savoir comment tu allais. J'espère que ça ne t'embête pas, mais Brian m'a dit ce qui s'était passé entre vous l'autre soir, et je sais que tu dois te sentir très mal.

Je ne répondis rien. J'avais une énorme boule dans la gorge qui m'empêchait de prononcer le moindre mot et j'étais terriblement mal à l'aise.

— Écoute, Ashley, ça ne me regarde pas, mais je vous aime beaucoup tous les deux et je ne pouvais pas rester là sans réagir, déclara Penny.

— Je t'écoute.

Je l'entendis pousser un long soupir, elle sembla soulagée. C'était bien de savoir que Penny prenait les choses à cœur, mais je ne voyais pas ce qu'elle pourrait dire qui arrangerait la situation entre Brian et moi.

— Brian n'est pas fier de ce qu'il a fait. Il a réalisé qu'il avait eu tort de te cacher l'existence de Cara.

— Un bon point pour lui, dis-je d'un ton dur.

— Il voudrait vraiment s'expliquer avec toi, mieux qu'il ne l'a fait au bord de la piscine.

— À quoi ça servirait ? Il s'est très bien expliqué. Il n'y a rien de plus à ajouter.

— Mais si ! s'exclama-t-elle. Il voudrait que tout soit clair, mais il craint que tu ne veuilles plus lui adresser la parole.

— Eh bien, il a raison sur ce point aussi. Je ne veux plus jamais lui parler.

Il y eut un long silence.

— Ashley, je ne sais pas si ça va t'aider ou non, mais je voudrais juste que tu comprennes à quel point ces derniers mois ont été difficiles pour Brian et moi.

— Que veux-tu dire ?

— Je veux dire que, après ce qui nous est arrivé, on ne devrait même plus savoir où on habite ! D'abord on a décroché ce contrat dans une maison de disques, puis on a dû enregistrer l'album et donc travailler dur pour qu'il soit parfait, et maintenant on est morts de peur parce qu'on risque de perdre tout ça !

Elle fit une pause et reprit.

— Tout ce qu'on voulait, c'était faire de la musique. C'était notre rêve et, en l'espace de quelques mois, nous avons presque perdu tous nos espoirs.

Oui, ils étaient passés en un éclair du bonheur fou au plus profond désespoir. Pouvais-je réellement en vouloir à Brian de son comportement ? Comment me serais-je comportée si j'avais été dans la même situation ?

— Ce que Brian t'a fait n'est pas du tout correct et je lui en veux beaucoup. D'ailleurs, je ne me suis pas gênée pour le lui dire. Tout ce que je souhaite aujourd'hui, c'est empêcher que les choses ne dégénèrent entre nous.

— Merci, murmurai-je. Ça me touche beaucoup.

Tout à coup, il me vint une pensée. Même si Brian ne méritait pas que je l'aide, Penny était une vraie amie et je ne voulais pas qu'elle abandonne ses rêves de succès, pas question !

Je me levai et marchai jusqu'à mon bureau.

— Tu sais quoi, Penny ? Je suis bien contente que tu m'aies appelée. Tu n'as plus à t'en faire pour ton contrat, ce concert va vous permettre, à Brian et à toi, de retourner la situation à votre avantage. Tout se passera comme sur des roulettes !

— C'est tout ce que je souhaite ! s'exclama Penny. Et je serais tellement heureuse si tu donnais à Brian une chance de s'expliquer avec toi.

Je n'étais pas persuadée d'aller jusque-là, mais, du moins, j'étais à nouveau sur le sentier de la guerre et j'allais hisser Sweetbriar à la première place !

14

Mary-Kate

Après la sortie en trombe de Danielle, je récupérai son cahier et son sac et, à la fin de la réunion, je sautai dans ma voiture et fonçai tout droit chez elle.

Danielle s'était vraiment mal comportée avec moi, mais pour une raison que j'ignorais, il fallait que je sache comment elle allait. Je me garai puis pressai le pas jusqu'à sa porte. Je sonnai et attendis.

Personne. Je sonnai de nouveau puis frappai à la porte assez fort.

Toujours rien.

Je laissai le sac en haut des marches et retournai à ma voiture, et là, en une fraction de seconde, j'aperçus le reflet de sa chevelure blonde. Danielle était assise sur un banc, tout près de sa maison.

— Danielle, dis-je doucement.

— Qu'est-ce que tu fiches ici ? me lança-t-elle lorsqu'elle me vit.

— Tu as oublié ton sac, et je tenais à te parler de ce qui s'est passé à l'auditorium.

Sa réponse claqua.

— Il n'y a rien à dire. Tu as gagné et c'est tout. Il n'est pas question que je joue un second rôle, donc j'abandonne le spectacle.

— Mais qu'est-ce que tu racontes ! Tu es une actrice géniale et tu feras une Rizzo d'enfer !

Danielle éclata en sanglots.

— Dis-moi ce qu'il y a de si horrible à jouer un second rôle. Rizzo est un rôle important, presque autant que celui de Sandy.

Elle s'essuya les yeux d'un revers de main.

— Tu ne peux pas comprendre, chevrota-t-elle. Ma mère est une des actrices les plus célèbres de Hollywood. Elle ne passe pas d'audition pour un rôle, on le lui donne et voilà tout. Elle attend qu'il se passe la même chose pour moi !

— Mais ta mère n'a pas commencé sa carrière en jouant des premiers rôles, elle a dû travailler pour en arriver là.

— Ça n'a pas d'importance, je dois être meilleure qu'elle. Elle n'arrête pas de me rabâcher que j'ai une chance inouïe. Que j'ai tout ce qu'elle n'a jamais eu : les meilleurs cours de théâtre, mon propre coach, sans oublier les conseils avisés d'une très grande professionnelle, elle ! Je n'ai pas le droit d'être la seconde, ma mère ne me le permettra pas !

— Donc, si ta mère découvre que tu n'as pas eu le premier rôle... commençai-je.

— ... elle aura une attaque, termina Danielle. L'année dernière, à l'université d'été, j'étais heureuse parce qu'elle n'était pas là, mais quand elle est venue voir la pièce que nous avions montée, elle n'a pas cessé de critiquer ma façon de jouer. Je dois être parfaite tout le temps !

« Waouh ! me dis-je. Jamais je n'aurais imaginé que Danielle ait à supporter une pression pareille ! » Je donnais toujours le meilleur de moi-même, mais quand j'échouais, je pouvais au moins compter sur ma famille et mes amis pour me remonter le moral.

Danielle prit un mouchoir dans sa poche et se moucha.

— Après ça, j'ai décidé que je ne voulais plus jamais jouer la comédie. Ma mère était trop présente et je ne pouvais plus le supporter.

— C'est pour ça que tu ne voulais pas t'inscrire au club d'art dramatique ?

Danielle fit oui de la tête.

— Au début des cours, ma mère m'a demandé si je m'inscrivais au club et je lui ai dit qu'il n'y en avait pas dans ce lycée, mais quand tu es venue jusqu'ici avec ton stupide *flyer*, elle a insisté pour que je passe l'audition.

— Tu lui as dit que tu n'en avais pas envie ?

— Bien sûr ! s'écria-t-elle en reniflant, mais elle s'en fiche ! Elle n'arrête pas de dire que ce serait formidable pour moi de jouer Sandy ! Quand elle saura que je n'ai pas eu le rôle, elle ne me laissera plus en paix.

Maintenant, tout devenait clair. Je comprenais mieux pourquoi Danielle m'avait envoyée balader quand je lui avais demandé de jouer dans notre spectacle, pourquoi elle avait voulu mon rôle, enfin je veux dire le rôle que je convoitais, et pourquoi elle y tenait tant.

Sa mère lui avait forcé la main et, d'une certaine manière, moi aussi. Mais quelque chose dans son discours me faisait penser que peut-être tout cela pouvait s'arranger.

— Danielle, dis-je, je ne crois pas que tu aies passé cette audition pour faire plaisir à ta mère.

— Et qu'est-ce que tu en sais ? marmonna-t-elle dans son mouchoir.

— Tu l'as fait parce que tu aimes jouer. C'était évident pendant l'audition et tu étais merveilleuse, excellente même !

— Donc ?

— Donc, tu devrais jouer dans ce spectacle juste pour te faire plaisir. Qui s'intéresse à ce que ta mère pense ? Rizzo est un rôle génial, fais-le ! Fais-le parce que tu en meurs d'envie !

Danielle me regarda.

— Tu sais le plus drôle ? J'ai toujours rêvé de jouer Rizzo, c'est un personnage qui a du caractère, et je trouve Sandy un peu gnangnan.

— Réfléchis, Danielle, on pourrait faire un tabac avec ce spectacle !

— Je te promets d'y penser, soupira Danielle.

Ashley

— Trouve une solution, Mary-Kate ! Et vite ! suppliai-je avec un soupçon de panique dans la voix. Le concert a lieu demain. Qu'allons-nous faire ?

— Je n'en sais rien, répondit Mary-Kate. Laisse-moi deux minutes...

Nous étions jeudi matin et Mary-Kate et moi étions exemptées de cours, ce jour-là, afin de préparer le concert de Brian et Penny. Et du temps, il nous en fallait si nous ne voulions pas qu'ils disent adieu à leur carrière ! Nous devions coûte que coûte obtenir de DJ Wild Will qu'il annonce le concert dans son émission et qu'il soit sur scène pour les présenter.

Mary-Kate était allongée sur son lit, les yeux fermés, et nous écoutions Wild Will à la radio en cherchant désespérément le moyen de résoudre notre problème.

Wild Will s'interrompit un instant pour laisser passer une page de publicité dont le dernier spot vantait les mérites du Clémentine café.

— Le Clémentine café, j'adore ! s'exclama Wild Will quand il reprit l'antenne. Je vais chaque jour y chercher mon déjeuner.

— On est au courant, commenta Barbara, sa productrice. Dinde fumée et fromage dans du pain de seigle. Tu commandes le même repas depuis cinq ans et je me demande comment tu ne t'en es pas encore lassé !

— Aucun danger, le café Clémentine est dément, et en parlant de choses démentes, voici le dernier tube des Smudge ! Vous êtes sur KWOW, la radio la plus branchée de Los Angeles !

Le morceau commença mais je n'arrivais pas à me concentrer sur les paroles, quelque chose me trottait dans la tête, quelque chose comme le début d'une idée de génie.

— Mary-Kate, ça y est ! m'écriai-je. J'ai trouvé comment rencontrer Wild Will, et cette fois, ça ne peut que marcher !

15

Ashley

Le matin suivant, Mary-Kate et moi franchissions la porte du Clémentine café à 11 h 30 précises. Nous avions tout notre temps avant l'heure du déjeuner.

J'avais expliqué mon plan à Mary-Kate pendant le trajet. C'était risqué, mais c'était notre dernière chance et il fallait que ça marche !

— Bonjour, dis-je à la serveuse derrière le comptoir. Je voudrais un sandwich seigle à la dinde fumée avec du fromage et de la moutarde, s'il vous plaît.

— On dirait que c'est la commande de Wild Will, vous devez être nouvelles à la radio, je ne crois pas vous avoir déjà vues.

— Hmm, oui, nous sommes les nouvelles

stagiaires. L'assistant de Wild Will nous a demandé d'aller chercher le déjeuner de la star.

— Je vous prépare ça tout de suite, les filles ! lança la serveuse.

Nous patientâmes sur un banc. Mary-Kate me désigna une étagère sur le mur, au-dessus de la caisse : une casquette du Clémentine café et un T-shirt étaient à vendre.

La serveuse revint vers nous avec la commande de Wild Will.

— Vous désirez autre chose ? demanda-t-elle.

— On va prendre deux casquettes et deux T-shirts du Clémentine café, annonça Mary-Kate.

— Très bonne idée, murmurai-je à Mary-Kate pendant que la serveuse allait chercher les bonnes tailles. Les casquettes dissimuleront notre visage et, du coup, Peter et la réceptionniste ne nous reconnaîtront pas.

— Exactement. Et comme ça, nous aurons l'air de livreurs officiels et personne ne nous bloquera à l'entrée.

Quelques minutes plus tard, nous étions de retour dans la voiture. Nous avions enfilé nos T-shirts par-dessus nos vêtements et caché nos cheveux sous les casquettes. Il ne nous restait plus qu'à glisser le CD de Brian et Penny dans le sac du déjeuner.

— Ça va marcher, s'exclama Mary-Kate, on est les répliques exactes des livreurs du Clémentine café !

Nous nous garâmes sur le parking de la station de radio. La voiture de sport rouge de Wild Will était là et nous étions totalement surexcitées.

Dans le hall de l'immeuble, le vigile se contenta de regarder nos tenues et nous fit signe de monter. Arrivées au vingt et unième étage, nous sortîmes de l'ascenseur après avoir baissé la visière de notre casquette sur nos yeux. Avant que nous ayons pu dire quoi que ce soit, la réceptionniste s'adressa à nous.

— Vous êtes un peu en avance, mais allez-y, déclara-t-elle.

Nous passâmes devant elle en nous demandant où pouvait bien se trouver le studio d'enregistrement. Nous inspectâmes toutes les plaques sur les portes, mais rien !

— Tiens, regarde ! s'exclama Mary-Kate

tout sourires en me désignant un poster de Wild Will sur une porte.

— Il est juste derrière cette porte en verre !

Il était là, en chair et en os. Sans hésiter, nous nous ruâmes dans le couloir et pénétrâmes dans la pièce avant que quiconque ait pu nous arrêter.

— Wild Will ! m'écriai-je. Il faut absolument que vous écoutiez cet album ! C'est celui des Sweetbriar, ils sont géniaux.

Je sortis le CD du sac du déjeuner et le posai sur le bureau devant lui.

— Ils donnent un concert gratuit dans notre lycée demain soir, et quand vous aurez entendu ce qu'ils font, vous voudrez absolument en faire la pub et...

Quelque chose attira mon regard pendant que je parlais. Un homme derrière une vitre faisait de grands gestes et désignait désespérément une petite lumière rouge au-dessus de la porte du studio.

Nous avions surgi au beau milieu de l'émission en direct de Wild Will !

Médusé, il nous regardait, et avant qu'il ait pu prononcer un mot, deux vigiles entrèrent dans la pièce et nous saisirent.

— Hé ! Laissez-nous ! cria Mary-Kate, on saura très bien retrouver la sortie !

Les vigiles ne nous lâchèrent qu'une fois dehors.

— Et qu'on ne vous revoie plus par ici ! nous prévinrent-ils.

Nous regagnâmes notre voiture, totalement désemparées.

— On est nulles, me lamentai-je. Cette fois, c'est râpé ! Wild Will ne fera rien pour le concert de Brian et Penny. On vient de briser leur carrière !

— Dire qu'on était si près du but ! soupira Mary-Kate.

Nous montâmes dans la Mustang et, en mettant le contact, la voix de Wild Will résonna dans l'habitacle de la voiture.

— Change de fréquence, Mary-Kate, je t'en prie, dis-je. C'est trop déprimant.

Mary-Kate allait s'exécuter quand Wild Will prononça le nom des Sweetbriar !

— Vous avez été très nombreux à nous téléphoner après l'intervention de ces deux filles sur notre antenne et vous voulez tous savoir qui sont ces Sweetbriar. Alors, j'ai décidé de vous passer un morceau de leur album. Je ne le connais pas, voici donc la surprise du chef !

Nous n'en revenions pas ! Le titre de Brian et Penny passait à la radio ! Finalement, nous avions quand même réussi !

— Ça rend bien, commenta Mary-Kate, ravie. Tu ne trouves pas ?

— Oui, c'est très bon, je me demande juste ce que M. Mac Kenna fera quand il saura que nous n'avons pas réussi à attirer Wild Will au concert ?

— Tu crois qu'il va virer Brian et Penny ?

— Je n'en sais vraiment rien, soupirai-je.

16

Mary-Kate

— Il est deux heures et demie, Mary-Kate, me rappela Ashley. Tu ne vas pas en répétition ?

— Oh oui, c'est vrai !

Je sautai de mon lit. Après notre après-midi mouvementé à la station de radio, nous avions passé le reste de la journée à régler les derniers détails du concert pour le jour suivant.

Il fallait que je fonce au lycée. Toute la distribution de *Grease* se retrouvait pour faire une lecture de la pièce. Il y avait autre chose de très important pour moi, aujourd'hui : l'équipe de base-ball de Jake jouait contre une équipe redoutable, et j'avais prévu de lui montrer à cette occasion que je tenais vraiment à lui.

— Tu vas pouvoir te débrouiller ? demandai-je à Ashley.

— Tout ira très bien, répondit-elle. Sois la meilleure à la répétition et bon match !

— Merci !

J'étais en retard, je devais me dépêcher. Lorsque j'arrivai à l'auditorium, tous les acteurs étaient assis autour d'une table, avec M. Owen. Je m'assis près de lui. Nathan était installé de l'autre côté de la table, en face de moi. Une place restait vide, celle de Danielle. J'étais très déçue, je croyais l'avoir persuadée de changer d'avis.

— Bon, tout le monde est là, je crois, constata M. Owen. Excepté notre Rizzo. Nous allons lui accorder encore quelques minutes...

— Un moment, je vous prie, lança une voix au fond de la pièce. J'ai besoin de me concentrer.

Nous nous retournâmes : Danielle était là, le script à la main. Faisant comme à son habitude une entrée spectaculaire.

Elle prit place sur la chaise vide à côté de

moi et me regarda du coin de l'œil, avec un demi-sourire.

— Mademoiselle Bloom, je suis ravi de vous voir ! lança M. Owen. Eh bien, à présent, nous avons tout pour faire de ce spectacle un succès, alors mettons-nous au travail !

— Bon boulot, les enfants, s'exclama M. Owen à la fin de la répétition. C'était une première lecture excellente. Maintenant, je vais devoir former des groupes pour travailler sur des scènes précises. Mary-Kate, j'aimerais que tu répètes avec Danielle, cet après-midi.

Cet après-midi ! C'était impossible. Le match de Jake était sur le point de commencer. Je n'avais pas l'habitude de refuser du travail au club d'art dramatique, mais, cette fois-ci, je ne pouvais pas accepter.

— Je suis désolée, monsieur Owen, mais je dois partir.

— Partir ? Je te signale que tu as le rôle principal, Mary-Kate, rétorqua-t-il. Tu ne peux pas rater les répétitions, ton rôle est trop important.

— Je sais, mais j'ai vraiment un truc très important à faire.

— Mary-Kate... commença M. Owen, embarrassé, je...

— Ne vous inquiétez pas, monsieur Owen, l'interrompit Danielle. Mary-Kate pourra venir travailler chez moi ce week-end. Nous répéterons à ce moment-là.

Je regardai Danielle, pleine de reconnaissance.

— Très bien, c'est d'accord, mais travaillez sérieusement, j'aimerais vraiment que la semaine prochaine vous connaissiez presque tout votre texte par cœur.

— Aucun problème, dis-je. C'est promis. Merci beaucoup, murmurai-je à Danielle, tu m'as sauvée !

— Pas de quoi. Ma mère a prévu de faire une fête à la maison ce week-end, elle voulait être tranquille et, manque de chance, elle va devoir nous faire un peu de place, ironisa Danielle.

Je rangeai mon texte dans mon sac et me dépêchai de rejoindre le terrain de base-ball.

Jake et son équipe venaient juste de terminer leur échauffement. Ils couraient sur le terrain et prenaient leur place en attendant le premier lancer.

Jake mit son gant, s'accroupit et attendit, concentré.

Les gradins étaient pleins, je finis par trouver une place au dernier rang, près d'un groupe de garçons.

— Allez, les Tigres ! cria mon voisin.

— Apparemment, tu es un fan, lui dis-je pour alimenter la conversation.

— Oui et c'est un match capital pour nous, me confia mon voisin. West Wood nous a déjà battus trois fois cette saison, mais là, si on gagne, on a une chance d'aller en championnat.

— Alors peut-être que ceci pourrait nous aider, dis-je en sortant de mon sac cinq affichettes avec des inscriptions. Peux-tu les distribuer à tes voisins, s'il te plaît ?

— Pas de problème ! dit-il.

Une fois que mes voisins eurent chacun leur pancarte en main, je donnai le signal et tous en même temps nous levâmes notre panneau. On pouvait lire le message que j'y avais imprimé. « ALLEZ, LES TIGRES ! ALLEZ, JAKE ! »

C'était un peu banal, mais je n'avais pas pu résister. Je hurlai et sifflai tant que je pouvais, et quelques minutes plus tard, un ou deux joueurs sur le terrain nous remarquèrent. Le public sur les gradins se retourna pour lire notre slogan et tout le monde se mit à crier : « ALLEZ, LES TIGRES ! ALLEZ, JAKE ! »

Jake me fit de grands signes du fond du terrain. Il avait l'air fou de bonheur.

Je retournai ma pancarte et la brandis bien haut. Sur l'autre face était écrit : « JAKE, JE T'AIME ! »

Et tout à coup, j'entendis Jake qui criait :

— Vive Mary-Kate, c'est la meilleure !

18

Mary-Kate

La foule était surexcitée.

— Oh là là, tu as vu ce monde ! m'exclamai-je.

Le grand jour était enfin arrivé et le concert de Brian et Penny allait commencer dans moins de vingt minutes. Une scène avait été montée au fond du terrain de baseball, et Ashley et moi nous nous tenions dans les coulisses pendant que les techniciens finissaient d'installer le matériel.

Le public était au rendez-vous. Les gradins étaient pleins et le terrain tellement bondé qu'on ne voyait plus un seul brin d'herbe ! Ashley ne tenait plus en place.

— On a réussi ! Tu te rends compte, Mary-Kate, tout ça, c'est grâce à nous !

Et, très honnêtement, j'arrivais à peine à le croire.

— Ah, vous voilà, les filles, nous lança M. Mac Kenna en s'approchant de nous.

Il traînait dans son sillage une nuée de journalistes.

— Vous avez fait du bon boulot ! Je suis très impressionné ! Le directeur de la station de radio KWOW m'a confié que, suite à votre irruption pendant le direct de Wild Will, des centaines d'auditeurs ont appelé pour réclamer qu'on diffuse le titre de Brian et Penny. Depuis ce matin, je réponds à des interviews. Toute la presse veut rencontrer les Sweetbriar, c'est de la folie !

— Du coup, avez-vous changé d'avis concernant le renvoi de Brian et Penny de votre maison de disques ?

— Vous voulez rire ! Brian et Penny sont nos nouvelles stars, je vais signer avec eux un contrat de trois ans !

Ashley me serra le bras très fort.

— Génial, murmura-t-elle.

— Mary-Kate ! lança Jake.

Il s'était débrouillé pour traverser tout le terrain de base-ball et nous rejoindre dans les coulisses.

— Mary-Kate ! répéta-t-il.

Je m'élançai vers lui et me jetai dans ses bras.

Nous nous étions réconciliés la veille, juste après que les Tigres eurent remporté le match contre West Wood. C'était exactement comme s'il ne s'était jamais rien passé.

— Tiens, regarde, m'annonça-t-il en déroulant une couverture dans l'herbe. J'ai trouvé l'emplacement idéal pour assister au concert !

Il s'interrompit et me fixa droit dans les yeux.

— L'emplacement idéal pour la fille idéale, ajouta-t-il.

Il m'embrassa et une vague de chaleur me submergea. J'étais si heureuse de l'avoir retrouvé !

— Le concert va bientôt commencer, tu ne veux pas t'installer sur la couverture et attendre ?

— Mais je fais partie du staff des stars, je dois les rejoindre en coulisses !

Jake éclata de rire et replia sa couverture.

— Alors, qu'est-ce qu'on attend ? On y va !

— Je suis vraiment désolé de ne pas t'avoir parlé de Cara plus tôt, Ashley, me dit Brian. J'ai eu tort, je le regrette.

Brian et Penny se tenaient dans les coulisses et attendaient de monter sur scène. Dès que Brian m'avait vue, il m'avait attirée dans un coin, pour tenter de s'expliquer.

« Il essaie de s'en tirer à bon compte, me dis-je. Il est sur le point de donner le concert de sa vie et il ne veut pas avoir ça sur la conscience. »

— C'est vrai, tu as eu tort, Brian. Et tu m'as fait beaucoup de mal.

— C'est juste que...

— Laisse tomber, Brian, l'interrompis-je. Le mieux serait de faire une croix sur cette histoire et, en ce qui me concerne, c'est déjà fait.

— Plus que cinq minutes avant l'entrée en scène ! hurla M. Mac Kenna. Vous êtes prêts ?

— Prêt ! répondit Brian.

Il attrapa sa guitare et nous rejoignîmes Penny, Jake et Mary-Kate.

— Nous vous devons beaucoup ! s'écria Penny lorsqu'elle nous vit.

— C'est vrai, enchaîna Brian. On ne pourra jamais assez vous remercier.

— Ne vous en faites pas, répondit Mary-Kate. En échange, nous avons droit à un concert gratuit, c'est génial !

Brian et Penny éclatèrent de rire.

— Brian ! lança une voix.

Nous nous retournâmes : une fille rousse arrivait vers nous.

— Cara ! s'exclama Brian.

« Alors voici la petite amie de Brian », me dis-je.

Ses longs cheveux brillaient sous les spots et je remarquai quelques taches de rousseur discrètes sur son nez.

Elle se jeta dans les bras de Brian.

— Mais que fais-tu ici ? demanda-t-il, surpris.

— Mes parents m'ont permis de venir assister à ton premier concert. Ma mère est assise là-bas, dans les gradins !

— Génial ! s'exclama Brian. C'est super que tu sois là !

Mon estomac se nouait de les voir ensemble.

— Cara, il y a quelqu'un que je veux absolument te présenter, déclara-t-il en se tournant vers moi. Voici Ashley, la fille dont je t'ai parlé.

— Bonjour, Ashley, s'écria Cara. Brian m'a dit tout ce que tu as fait pour les Sweetbriar. Je suis vraiment heureuse qu'il ait une amie comme toi !

— Merci beaucoup, répondis-je.

Je devais bien admettre qu'elle avait l'air très sympathique.

— Bon, les enfants, il est temps de monter sur scène, annonça M. Needham, le principal du lycée.

— Encore une petite minute ! lança une voix.

Nous aperçûmes un grand type avec des cheveux noirs en bataille. C'était Wild Will !

— Est-ce que je rêve ? s'exclama Mary-Kate.

— Tiens, mais ce sont mes livreuses ! Je pensais bien vous trouver là, lança Wild Will.

Mary-Kate et moi étions rouges de confusion.

— Hmm, je suis Ashley et voici ma sœur, Mary-Kate.

— Nous sommes désolées d'avoir perturbé votre émission, on ne savait pas que vous étiez à l'antenne.

— En fait, mes fans ont adoré ça ! Je crois que l'émission a eu plus de succès grâce à vous. Mais la prochaine fois que vous comptez vous inviter, passez-moi un petit coup de fil avant, suggéra Wild Will, ironique.

— C'est promis ! Si on arrive à vous joindre !

Il se tourna vers Brian et Penny.

— Vos amies m'ont demandé de présenter votre concert et j'aime tellement votre album que je suis O.K. pour le faire.

— C'est vrai ? demanda Penny, n'osant y croire.

— Ça serait géant, s'enthousiasma Brian.

— Mais j'ai d'abord un service à vous demander, reprit Wild Will.

— Tout ce que vous voudrez ! s'exclamèrent-ils en chœur.

Ils paraissaient sur le point d'exploser de bonheur.

À cet instant précis, nos parents s'approchèrent. Ils étaient installés sur le terrain et avaient prévu de pique-niquer pendant le concert.

— Bonjour, mes chéries ! lança notre père en nous embrassant. Vous avez réussi à monter un vrai concert, je suis très fier de vous !

Puis il remarqua Wild Will.

— Hé ! Wild Will ! J'étais sûr que tu serais là, Brian et Penny sont de grands artistes ! Je n'ai pas peur de le dire, même s'ils ont signé dans une maison de disques concurrente !

Wild Will éclata de rire.

— Mark ! Mais que fais-tu ici, de l'espionnage industriel ?

— Ma femme et moi, nous sommes venus soutenir nos filles et leurs amis, répondit-il en nous prenant, Mary-Kate et moi, par les épaules.

— Ne me dis pas que ce sont tes filles, s'exclama Wild Will, atterré.

— Eh oui, je te présente Mary-Kate et Ashley !

— En fait, nous nous sommes déjà rencontrés.

Wild Will se pencha vers nous et nous demanda à voix basse pourquoi nous ne lui avions pas dit qui était notre père.

— Pas la peine de vous déguiser en livreuses, il aurait suffi de dire à mon assistant qui vous étiez et je vous aurais reçues !

— Quoi ? s'écria Mary-Kate. On a fait toutes ces idioties pour rien !

— Pas exactement pour rien, relevai-je. Nous nous sommes débrouillées toutes seules en travaillant dur et sans utiliser de piston !

— C'est vrai, admit Mary-Kate. Et on a été plutôt bonnes, je dois dire.

— Vous avez fait très fort, approuva Wild Will. Bon, j'ai un concert à présenter, alors à plus !

Quand Wild Will monta sur scène, le public hurla et se mit à applaudir et à taper des pieds.

— Bonjour à tous, j'ai le plaisir de vous présenter un super groupe qui va nous interpréter les morceaux de leur tout premier album : « Notre Histoire ».

Brian et Penny entrèrent sur scène, et les hurlements décuplèrent.

Brian entama le concert avec ma chanson : « Blue Eyes ». Curieusement, l'entendre ne me faisait plus ni chaud ni froid.

Mary-Kate me fit un gros baiser. Et nous nous mîmes à chanter ensemble. Jake passa un bras autour des épaules de Mary-Kate. C'était bien, de les voir de nouveau réunis.

— Je suis très heureuse d'avoir pu aider Brian et Penny, déclarai-je à Mary-Kate. Je te remercie de m'y avoir poussée.

— Je savais que tu serais contente, répondit-elle. Et puis, je prends soin de ma sœur, moi !

Le morceau suivant bougeait pas mal et nous commençâmes à remuer en rythme.

— Un truc qu'on aime et qui commence par la lettre D ? cria Mary-Kate.

— Danser !

— Et par un M ? continua Jake. Mary-Kate !

— Et par un S ? ajoutai-je. Sœurs !

Jusqu'au matin, nous dansâmes comme des fous sur la musique de Brian et Penny.

L'été est fini mais tout ne fait que commencer ! Voyez plutôt ce qu'il va se passer dans le tome 6 de la collection

— Planque-toi, Ashley ! me lança Brittany, tapie derrière un étalage de pyjamas.

Brittany et moi suivions Lauren à travers tout le magasin pendant que Mary-Kate surveillait l'entrée.

— Pas facile d'espionner quelqu'un, dis-je.

— Tais-toi, nom d'un chien, elle va finir par t'entendre, me souffla Brittany en me faisant les gros yeux.

Cachée derrière une chemise de nuit rose, j'observais Lauren. Elle tenait devant elle un collant de yoga noir et se regardait dans une glace.

Ouf ! Elle ne nous avait pas repérées !

— Ça me met très mal à l'aise, de l'espionner comme ça, soufflai-je à Brittany.

— Il ne faut pas, répondit-elle, surtout quand Lauren prétend qu'elle a rendez-vous chez le dentiste et qu'elle se précipite au centre commercial. (Elle s'interrompit soudain et fixa quelque chose.) Oh non ! Où va-t-elle encore !

— Elle fait du shopping, c'est ce que les gens font en général dans les grandes surfaces, dis-je.

— Non, elle s'en va ! Viens, dépêche-toi !

En essayant de nous faire toutes petites, nous suivîmes Lauren à l'extérieur du magasin. Puis, au bout d'un moment, nous réalisâmes que nous suivions une parfaite inconnue.

— On l'a perdue, s'énerva Brittany. Vite, Ashley ! Téléphone à Mary-Kate et dis-lui de surveiller.

Je composai rapidement le numéro de ma sœur sur mon portable.

— Mary-Kate ! On l'a perdue. Tu la vois ?

— Non, aucune trace de Lauren. Mais je reste vigilante !

— Bon, on revient vers toi. On se retrouve près de la fontaine.

Brittany et moi courûmes jusqu'à la fontaine, près de l'entrée principale.

Alors que nous reprenions notre souffle sur un banc, Mary-Kate arriva. Elle portait une paire de lunettes noires et un rouge à lèvres rouge et brillant. Le look parfait d'une James Bond girl !

— Alors ? demanda Mary-Kate.

— Rien de rien, on dirait qu'elle...

— Non, attendez ! C'est elle, là ! s'exclama-t-elle en désignant le coin des restaurants.

Nous nous dirigeâmes dans cette direction et nous nous cachâmes derrière un palmier.

— Elle fait signe à quelqu'un, murmura Mary-Kate.

— Regardez ! C'est un garçon ! Je ne le vois pas très bien, mais son allure me dit quelque chose...

Le mystérieux garçon s'approcha de la table de Lauren et s'assit. Elle avait l'air folle de joie.

— Waouh ! cria Brittany. Ils s'embrassent !

Alors que je regardais la scène, une sensation étrange m'envahit.

Le garçon qui embrassait Brittany n'était pas un garçon ordinaire.

C'était Ben.

Mon ex !

Dans la même collection

Mary-Kate and Ashley Sweet 16

1. Premier baiser
2. Croire à son rêve
3. Un été parfait
4. Route et déroute
5. Nos rêves les plus fous

Cet ouvrage a été composé par
PCA - 44400 REZE

Impression réalisée sur Presse Offset par

BRODARD & TAUPIN

GROUPE CPI

La Flèche (Sarthe), le 01-06-2005
N° d'impression : 29318

Dépôt légal : juin 2005

Imprimé en France

POCKET jeunesse

12, avenue d'Italie • 75627 PARIS Cedex 13

Tél. : 01.44.16.05.00